Seul Ellory

Dominique Meunier et Hervé Weill

Seul Ellory

Conversations

LA MAISON DU MOULIN

Editions

© 2017 La Maison du Moulin Éditions
7A, avenue Auguste Wicky
68100 MULHOUSE

www.la-maison-du-moulin-editions.com

ISBN : 978-2-36970-006-7

Remerciements :

Roger Jon Ellory pour sa disponibilité

Vicky Ellory pour son hospitalité

Romane Weill-Rossi pour sa transcription écrite de l'interview en version anglaise

Yvan Fauth pour sa relecture et ses conseils avisés

Préface

La vie des autres semble toujours tellement plus intéressante que la sienne. Peut-être est-ce pour cela qu'un écrivain est d'abord et avant tout un observateur, un témoin de la vie. Mais, comme l'a dit Ernest Hemingway : « Avant d'écrire sur la vie, il faut d'abord la vivre ».

Les gens qui arrivent à la fin de leur vie ne regrettent jamais vraiment ce qu'ils ont réalisé, seulement ce qu'ils n'ont pas fait. Ils ne regrettent jamais vraiment les gens avec qui ils auraient pu être plus méchants, mais uniquement ceux à qui ils auraient pu montrer plus de gentillesse.

Nous avons tous fait des erreurs – et il est vrai que plus on essaie de vivre différentes choses et plus on risque de commettre d'erreurs importantes.

J'ai fait des erreurs, bien entendu. Je ne suis pas le seul dans ce cas. Cependant, il faut dire que je ne les ai jamais commises ni avec malveillance ni par pur intérêt personnel. A côté de ça, j'ai toujours tenté de réparer les dégâts que j'ai pu occasionner et faire amende honorable.

Donc, cet ouvrage n'est ni une confession, ni une apologie de ma personne. Cet ouvrage est la réponse à une question souvent posée et à laquelle il n'y a jamais vraiment eu de réponse : « comment et pourquoi écrivez-vous ? »

Peut-être suis-je la personne la moins bien placée pour donner une réponse minutieuse et complète, parce que mes réponses seront influencées et inclinées vers ma propre compréhension de moi-même, mes propres réserves concernant mes capacités, ainsi que mes doutes et mes incertitudes.

Nous sommes tous comme cela, mais comme me l'a dit un ami, il semblerait que ceux qui créent quelque chose pour le partager – que ce soit de la musique, de la peinture, de la littérature ou du cinéma – sont à la fois arrogants et peu sûrs d'eux, à parts égales. Arrogants car ils croient que ce qu'ils ont créé vaut la peine d'être partagé ; peu sûrs d'eux parce qu'ils sont terrifiés à l'idée que ceux qui voient leur travail vont y voir de la prétention, quelque chose de futile, quelque chose sans intérêt.

Peut-être est-ce la vanité qui pousse un individu à la reconnaissance. Peut-être sommes-nous guidés par la peur de traverser ce monde, incognitos et sans qu'on se souvienne de nous. Je ne sais pas. Je ne prétends pas savoir. Ce que je sais en revanche, c'est qu'être écrivain, musicien, peintre, photographe est guidé par un besoin de créer qui ne peut pas être comblé. Il y a un sentiment qui accompagne ceci : si je ne le fais pas, alors pourquoi suis-je vivant ?

Et donc, quand il m'a été demandé de collaborer sur ce travail, j'ai hésité pour plusieurs raisons. Qu'avais-je à dire de pertinent ? Pourquoi s'investir autant alors que ça n'intéressera certainement pas grand monde ? Est-ce que faire cela ne serait qu'un voyage égocentrique, quelque chose qui pourrait me mettre en avant mais qui n'aurait pas vraiment de but ?

J'ai finalement décidé de le faire pour différentes raisons. La première est pour les gens qui me l'ont demandé. Hervé et Dominique sont de très chers amis. Ils m'avaient demandé d'être le parrain du Festival Sans Nom, un honneur que j'ai accepté. Jusqu'à aujourd'hui, j'y ai été présent chaque année. La fille de Hervé y a été mon interprète, elle est aussi une amie très chère, et c'est elle qui a retranscrit l'interview originale qui suit.

La deuxième raison est que ce livre est réalisé en France. Mon travail est traduit dans 25 langues. Je vends plus de livres en France que dans tous les autres pays cumulés. Je travaille actuellement sur l'idée d'adapter quelques-uns de mes livres dans une production française originale. Je viens en France aussi souvent que possible. C'est ma deuxième patrie, pas seulement d'esprit, mais de cœur. Mes amis Anglais me demandent pourquoi j'aime tant la France et les Français. Je leur réponds que c'est parce que les Français ont deux fois plus de temps que les autres : celui que nous avons tous et celui qu'ils créent. Que font-ils de ce temps supplémentaire ? Ils parlent, ils mangent, ils boivent, ils partagent cela avec leurs amis et leur famille. Nulle part ailleurs dans le monde je n'ai trouvé une culture aussi tournée vers l'appréciation et l'importance de la qualité de vie. Nous en parlons tous ; non seulement les Français le reconnaissent mais ils en font quelque chose. J'ai constaté que c'est invariablement le cas. De plus, les Français ont tendance à regarder les choses deux fois : d'abord afin de voir ce que c'est et puis pour voir ce que c'est vraiment. Et ils demandent, « Pourquoi ? ». C'est tout à fait moi. Je suis comme cela. Je l'ai toujours été. Ma langue peut bien être l'anglais et mes livres américains, je crois bien que mon âme est française.

La dernière raison qui m'a décidé est que j'ai également cette peur : que ce que j'ai créé n'est pas important, que ce que je vais laisser derrière moi sera oublié, que ce que je suis et ce que j'aurai accompli dans ma vie n'aura aucune incidence. Peut-être que ces choses sont-elles vraies, je ne l'espère pas.

Et donc nous y voilà. Des mots sur la vie, sur l'amour, l'écriture et la musique, l'art, les films, la religion, la politique, le sexe et la mort. Qu'existe-t-il d'autre ?

Je n'ai pas encore terminé. J'en suis même très loin. Ceci est moins une biographie qu'un état des lieux. Je peux faire mieux. Je peux travailler plus. Je peux accomplir plus.

Comme l'a dit Bukowski : « Je veux le monde entier ou rien ».

En vérité, je viens juste de commencer.

Roger J. Ellory

Avant-propos

Amateurs éclairés de littérature générale et noire, nous animons le blog littéraire www.passion-bouquins.com depuis 2011, ce qui nous a permis de rencontrer plus de deux-cent-cinquante écrivains à l'occasion de salons du livre. A ces occasions, nous avons réalisé des interviews sous forme de videos que nous diffusons sur la chaîne YouTube du blog.

Pour un amateur de littérature, rencontrer un auteur est toujours un grand moment. Connaître ses secrets, ses rituels d'écriture, ses motivations permet d'appréhender l'œuvre sous un regard éclairé. Pour autant, il ne s'agit pas de tomber dans l'admiration béate ou stupide, mais juste de comprendre. Ecrire n'est pas à la portée de tout le monde. L'écriture répond à des motivations différentes et aucun parcours d'écrivain n'est similaire à celui d'un autre. Parfois l'envie vient de loin, parfois seul un déclic peut être à l'origine d'une carrière.

Roger Jon Ellory, auteur de polars au succès fulgurant en France fait partie des écrivains que nous avons le plus côtoyé au cours des dernières années. Chez lui nous avons ressenti une réelle envie de partager et de communier avec son public. Il n'hésite jamais à se mettre en scène pour faire plaisir à l'occasion d'un selfie et, chose très appréciable, il prend le temps de répondre personnellement à tous les mails.

Roger Jon Ellory nous a fait le plaisir d'être le premier parrain du Festival Sans Nom, le polar à Mulhouse, que nous organisons chaque année depuis 2013 et nous avons pu, dans ces circonstances, apprécier sa disponibilité, sa gentillesse, sa patience. A cette occasion, nous avons constaté la vraie ferveur de son public et c'est donc tout naturellement que nous avons décidé ensemble de réaliser ce livre d'entretien.

Il nous a conviés dans son univers d'écrivain, celui que tout lecteur assidu rêve de découvrir. Il a partagé avec nous ses notes manuscrites. Il nous a ouvert la réserve où il conserve soigneusement ses vingt-trois manuscrits non publiés. Nous avons eu le sentiment d'être des privilégiés.

Pour nous permettre de connaître l'homme, parfois controversé, qui se cache derrière l'écrivain, son histoire et son parcours, sans censure, il a répondu à toutes nos questions, prenant le risque de dévoiler une personnalité qu'on connaît peu. N'étant pas journalistes mais blogueurs, nous n'avons pas écrit un livre sous forme d'enquête mais la forme de la conversation nous paraissait la mieux adaptée. De cette façon, nous n'avons dévoyé aucun propos, nous n'avons rien interprété et nous n'avons rien édulcoré. Ce livre d'entretien retrace le parcours singulier d'un homme qui vit sa vie à 100% et qui n'hésite pas à payer de sa personne. Dans ce sens, le polar est forcément le genre qui lui colle le mieux à la peau et qui lui réussit à la perfection.

Il s'agit d'un entretien à bâtons rompus. Ses propos reflètent sa vision personnelle.
Ce livre a donc valeur de biographie officielle. Que tous ses fans prennent autant de plaisir à le lire que nous avons de plaisir à le réaliser.

Pour rester en contact : seul.ellory@gmail.com

Dominique Meunier   Hervé Weill

www.festival-sans-nom.fr
www.passion-bouquins.com
www.la-maison-du-moulin-editions.com

16

Les racines à Birmingham

Passion Bouquins : Nous sommes donc à Birmingham, là où tout a commencé pour vous. Vous êtes né ici. Quels sont vos premiers souvenirs ?

Roger Jon Ellory : Ma maison familiale est à environ un kilomètre et demi de l'endroit où nous sommes. Je n'avais pas l'intention de revenir si près de l'endroit où j'ai passé mon enfance. Mais mon épouse a trouvé cette maison ici et c'est parfait parce que nous sommes proches de l'aéroport et qu'elle est agréable. En été, quand tous les arbres sont en fleurs, on ne voit pas l'extérieur et on pourrait se trouver n'importe où. C'est donc un merveilleux endroit pour nous. Pourtant, je n'ai pas un excellent souvenir de la ville de Birmingham. Je suis né ici, dans une ville de banlieue nommée Moseley, à l'hôpital Sorrento qui n'existe plus aujourd'hui et qui a été démoli depuis.

Ma mère était jeune. Elle devait avoir vingt et un ans. Elle avait déjà un enfant, mon frère aîné, qui a quatorze mois de plus que moi. Elle n'était pas mariée et elle est tombée enceinte à nouveau, du même homme. Ma grand-mère maternelle était de tradition très victorienne, très stricte. Mon grand-père maternel s'est noyé dans la mer, au large des côtes du Pays de Galles en 1957 et je ne l'ai donc jamais connu.

Que s'est-il passé exactement ?

C'était un accident de nage pendant les vacances. Sa femme et sa fille (ma mère, qui avait treize ans à ce moment-là) étaient sur la plage pendant qu'il était dans la mer agitée. Ma mère lui faisait signe de revenir mais il n'y est pas parvenu et il s'est noyé. David, le cousin de ma mère et un autre adolescent ont essayé de le secourir, l'ont sorti de l'eau, l'ont étendu sur la plage mais il était déjà mort. Ma grand-mère maternelle a donc perdu son mari en 1957 et a élevé seule sa fille. Elle voulait en faire une danseuse, une chanteuse et une actrice. Elle a créé une école de ballet dans la maison où j'ai grandi. Ma mère a eu deux enfants du même père, sans avoir été mariée. Et pour ma grand-mère, en 1964 – 1965, c'était terrible et inacceptable. Elle a donc laissé mon frère avec ma mère mais elle ne voulait pas qu'elle me garde. Elle m'a donc fait élever dans une autre famille.

Toujours ici, à Birmingham ?

Oui, apparemment. C'est ce que j'ai appris grâce à des personnes qui connaissaient ma grand-mère. A ma naissance, j'ai été confié à une autre famille. Je n'ai pas été adopté, j'ai simplement été recueilli. Voyez-vous la différence ? Adopter est une démarche légale. Vous prenez le nom de la famille. Recueillir c'est juste s'occuper du minimum. De toute façon, le mari, qui était policier, a décidé d'émigrer en Australie avec son épouse et ils ne voulaient pas m'emmener. Du coup, la sœur de ma grand-mère s'est occupée de moi pendant environ six à huit semaines.

Quel âge aviez-vous à ce moment-là ?

J'avais dix-huit mois. Elle a expliqué à ma mère que j'avais été abandonné par cette nouvelle famille. Elles ont parlé à ma grand-mère et ont obtenu son accord pour que je puisse retourner chez ma mère. Plus tard en 1968, elle était à nouveau enceinte d'un troisième garçon, d'un autre père. Je l'ai découvert à Paris il y a deux ans alors que j'étais à l'hôtel Lutecia lors d'une tournée en France. Mon épouse et moi avons reçu un mail disant : « J'ai quarante-six ans, je suis enseignant à Sheffield, j'ai été adopté pendant mon enfance et la semaine dernière j'ai trouvé dans le registre des naissances que vous et moi avons la même mère ».
J'ai donc un demi-frère que je viens de découvrir. Il ne savait pas que ma mère était décédée. Il ne connaissait pas son père et ne savait pas qui étaient ses grands-parents. Je lui ai donc envoyé des photos de sa mère et de ses grands-parents maternels (ils sont tous décédés). J'ai contacté une personne qui connaissait ma mère

lorsque je suis né. Elle m'a dit que ma mère n'a eu qu'une relation d'une nuit avec ce type et qu'elle est tombée enceinte. Mon demi-frère a été adopté à la naissance et a attendu quarante-six ans pour savoir qui était sa mère ! Nous avons discuté au téléphone et il m'a posé beaucoup de questions. Je ne pouvais répondre qu'à certaines d'entre elles parce que je n'en savais pas plus dans la mesure où ma grand-mère est morte quand j'avais seize ans. Ma mère, quant à elle, est décédée quand j'avais sept ans. C'est à partir de ce moment-là que je suis allé au pensionnat pendant neuf années, jusqu'à l'âge de seize ans.

Qu'est-il arrivé à votre mère ?

Elle est morte d'une pneumonie qui a entrainé une hémorragie au cerveau. Elle avait vingt-huit ans et elle venait de démarrer une carrière d'actrice à la télévision. Quand j'ai terminé l'école, à seize ans, je suis retourné dans ma maison à Birmingham, en septembre 1981. Et seulement six mois après, en avril 1982, ma grand-mère mourut d'une crise cardiaque. C'était comme ça. Je n'avais ni tante, ni oncle. Seul mon frère connaissait plus de choses que moi sur notre famille. Nous étions devenus indépendants et sommes devenus en quelque sorte des mauvais garçons. J'avais seize ans et il en avait dix-sept. Nous sommes restés dans la maison mais nous n'avions pas d'argent. Par conséquent, l'électricité, le gaz et l'eau ont été coupés.

Comment est-ce possible pour deux mineurs de seize et dix-sept ans de rester seuls dans une maison ?

Si nous avions été majeurs, nous aurions eu droit à une aide financière du gouvernement. Mais nous étions trop jeunes et nous n'avions pas de famille. C'était en 1982 et je pense que les choses ont changé maintenant. Nous n'avions pas de qualification. Nous n'étions pas allés à l'université. Nous n'avions aucune compétence et donc aucune possibilité de trouver un travail.

Où étiez-vous avant cela ? Vous dites que vous étiez de retour à Birmingham.

J'étais à l'école à Oxford.

Et pourquoi avez-vous arrêté ?

Parce que j'avais seize ans et on terminait l'école à cet âge. J'aurais pu y rester jusqu'à dix-huit ans. Je n'avais aucune envie de rester à l'école, ni d'aller au lycée ou à l'université. Donc je suis rentré à la maison. J'y ai vécu avec mon frère et pour manger, nous allions voler des légumes dans les jardins des voisins. Nous avions commencé à prendre de la drogue, à fumer et à boire. Nous organisions des fêtes dans la maison et des gens venaient. Nous siphonnions également les réservoirs d'essence des voitures et nous vendions le carburant pour gagner de l'argent. Ensuite nous sommes allés dans un monastère et avons volé des poulets. Huit exactement. Nous les avons volés et nous en avons mangé un. La police est venue et les a trouvés. Nous avons fait tous les deux trois mois de prison. Et quand nous en sommes sortis, nous nous sommes rendus compte que les personnes qui étaient censées veiller sur la maison avaient volé tout ce qui s'y trouvait. Tout. L'endroit avait été vandalisé. Tous nos disques et tout ce que nous possédions avait disparu. Nous n'avions plus rien et nous nous sommes installés dans un autre quartier de la ville, dans un logement plus petit.

Comment vous sentiez-vous lorsque vous êtes allé en prison à seize ans ?

J'ai passé neuf ans en pensionnat. Ceci signifiait : manger lorsqu'on me le disait, porter les vêtements qu'on me disait de porter, me faire couper les cheveux quand on me le demandait, aller à la salle de bains quand quelqu'un me le disait. Ce n'était pas une expérience agréable. Mais je pense qu'elle nous a servi de mise en garde avec mon frère pour savoir quelle vie nous attendait si nous devions continuer ainsi.

Je me souviens d'être allé au tribunal, d'avoir été condamné à trois mois de prison et d'avoir été choqué parce que je pensais que cela ne pouvait pas arriver. J'ai été emmené tard dans la nuit, sous la pluie, dans une autre ville. Je me souviens d'avoir roulé dans un camion, les mains menottées à mon siège. Je me souviens d'avoir pris un bain dès l'arrivée, de m'être fait couper les cheveux. J'ai été emmené dans une pièce qui faisait trois mètres sur deux, qui était toute blanche et qui avait une petite fenêtre près du plafond. On ne pouvait pas voir au travers car le verre était très épais. J'y suis resté six semaines. Je n'ai quasiment parlé à personne. Je recevais mes repas à travers un trou dans la porte.

Après six semaines, j'ai été conduit dans un dortoir avec douze lits dans une même pièce. Je l'ai partagée avec onze autres personnes. Puis j'ai travaillé en cuisine ou à la blanchisserie. Oui, certaines personnes cherchaient la bagarre mais on pouvait l'éviter. J'ai été blessé plusieurs fois mais jamais gravement. Un jour, un gars a sauté depuis un escalier pour atterrir sur mon dos et m'a blessé de sorte que je n'ai plus pu marcher pendant deux ou trois jours. Mais il ne m'a rien cassé et je n'ai pas eu de séquelles.

La prison était donc grave de ce point de vue. J'y repense en me disant que c'était quelque chose qui devait arriver, au même titre que le fait d'aller au pensionnat ou de ne pas avoir de parents. Lorsque j'en parle, c'est comme dans un roman de Charles Dickens.

Il y a deux ans, lorsque j'ai découvert l'existence de mon demi-frère, j'ai également appris le nom de mon père et d'où il venait. J'aurais pu partir à sa recherche mais je ne l'ai pas fait. Je ne sais pas s'il est toujours vivant ni où il est, mais je pourrais le trouver.

Voilà ce qui est important : je suis facile à trouver. Vraiment très facile à trouver. Il connaissait également le nom de ma mère qui n'est pas répandu. Donc il aurait pu nous trouver facilement avec mon frère au cours des quinze ou vingt dernières années. Il a décidé de ne pas le faire parce que je pense qu'il a une autre famille, des enfants et des petits enfants. Peut-être est-il toujours vivant et a-t-il soixante-quinze ans et une famille nombreuse. Peut-être est-il heureux et mène-t-il une belle vie. Et peut-être sa femme, ses enfants et ses petits enfants ne savent-ils rien de nous. Et pourquoi voudrait-il bouleverser sa famille ? Mon frère et moi avons exactement le même point de vue. Nous ne ferons jamais aucun effort pour le trouver. S'il veut savoir, très bien ! Mais nous ne voulons bouleverser la vie de personne. Nous n'avons pas le droit de faire cela. Il a eu une raison de ne pas rester avec ma mère aussi bien qu'il a eu une raison de ne pas vouloir être un père à ce moment-là. C'est son droit.

Et tout va bien ? Vous manque-t-il quelque chose ? Profondément ? Peut-être auriez-vous envie de le connaître quand-même ?

Non. En fait, c'est intéressant parce qu'on a souligné que généralement dans mes livres, le personnage principal n'a pas de parents ou juste un seul. Ou alors il a de grandes difficultés relationnelles avec eux. Dans mes romans, personne ne passe de bons moments avec ses parents. A la question : « quelle est la part autobiographique du travail de l'écrivain ? », je réponds que je n'invente pas consciemment des personnages autobiographiques. Mais j'aime écrire des choses qui me semblent réelles. Et je ne sais pas ce que c'est d'avoir un modèle de figure paternelle à qui répondre : « Oui papa », « Non papa ».
Mon fils est pour moi comme mon meilleur ami, mais il n'a pas besoin de me demander la permission d'être ce qu'il veut être. Il peut être qui il veut et il peut faire ce qu'il veut. Si j'ai l'impression qu'il ne connaîtra pas la réussite ou que le résultat le

rendra malheureux, je lui en parlerai mais je ne lui interdirai pas d'agir.

Il en est de même pour mon épouse. Elle a également grandi sans père. Dans un sens nous avons grandi ensemble sans parents et par conséquent nous n'avions pas de modèle. Nous ne savions pas comment nous comporter en parents. Nous ne pouvions pas dire : « C'est ce que ma mère faisait, c'est ce que mon père faisait, donc je vais faire pareil. ». Nous avons juste fait du mieux possible avec notre fils. Quand il venait nous parler d'un problème, nous lui demandions : « Selon toi, que devrais-tu faire ? ». Il répondait : « Je pense que je devrais faire cela. ». Et nous lui répondions de le faire. Parfois nous l'encouragions alors même que nous savions que cela ne fonctionnerait pas, parce que nous voulions qu'il se construise sa propre expérience. Au final, il est devenu un jeune homme très fort, très indépendant, très capable et compétent. Je pense qu'il va accomplir de grandes choses dans sa vie. Et je pense cela parce que ni mon épouse ni moi-même n'avons eu de mauvais exemple de parents.

On peut dire également que vous êtes un homme de succès. Vous êtes un écrivain célèbre, vous êtes musicien bien que vous n'ayez pas d'exemple à suivre.

Je pense qu'être un enfant livré à lui-même dans un pensionnat permet deux choses : on doit rapidement apprendre à s'entendre avec les autres parce qu'on se retrouve avec trente-cinq garçons dans la même classe, dans une école en totalisant deux cents à trois cents. Parfois il y a également des filles et on doit s'entendre comme amis, on doit coexister, sans se battre ou se disputer. Ensuite, on réalise très vite que si on a des ennuis, on ne peut pas se réfugier chez papa ou maman. Personne ne dit : « Je vais m'en occuper », personne ne rédige un chèque, personne n'envoie d'argent. Non seulement vous êtes indépendant mais très rapidement vous êtes dans une situation dans laquelle vous êtes responsable des conséquences de vos actes. Si vous prenez une mauvaise décision, personne ne va vous aider à trouver la solution. Cela vous met dans une position que vous n'avez besoin de justifier auprès de personne. Je n'ai pas besoin d'expliquer à mon père que « je ne continue pas dans cette école » ou que « je quitte mon emploi » ou que « je quitte ma femme ». Je n'ai personne qui ait une autorité sur ma vie. Ce que j'ai est une entente tacite avec certaines personnes. Quand vous n'avez pas de famille, vous avez des amis. Les amis sont la famille que vous choisissez. Donc j'ai choisi ma famille, ma femme et mon fils. J'ai des amis très proches qui pour moi sont ma famille. Ils sont à peu près du même âge, soit un peu plus jeunes, soit un peu plus vieux mais ce sont des personnes de mon choix.

J'ai fait une expérience intéressante avec mon épouse il y a environ six mois. Nous savions que l'année 2016 allait être pour nous une année folle pour de nombreuses raisons. Nous sommes impliqués dans de nombreux projets : lancement d'une nouvelle entreprise, lancement d'une tournée musicale avec le groupe, écriture simultanée de deux ou trois livres, publication de romans graphiques, implication dans des films... Nous travaillons ensemble comme partenaires en affaires, comme mari et femme, comme meilleurs amis, comme collègues. Nous sommes ensemble depuis trente ans et ça fonctionne ! Nous avons cherché les personnes avec qui nous traitons et parlons au cours de nos vies et nous en avons identifié un certain nombre qui ne font que prendre et ne donnent jamais en retour. Nous les avons invitées à dîner, à voyager, à un barbecue, nous leur avons envoyé des cadeaux pour les anniversaires, pour Noël. Nous les avons impliquées dans des activités de groupe, nous avons partagé des choses avec elles mais nous n'avons jamais été invités en retour. Nous n'avons même pas reçu de message nous demandant comment nous allions. Elles répondaient toujours à nos sollicitations mais n'en étaient jamais à l'origine.

Il y a également les autres qui nous écrivaient pour nous demander : « Ça fait trois jours que je n'ai pas de nouvelles, comment vous portez-vous ? » ou « Savez-vous qu'untel fête son anniversaire ? Y allez-vous ? » ou « Nous organisons une fête ce soir, je pense que vous n'êtes pas dans le coin mais ça nous ferait plaisir de vous voir. ». Ou quelqu'un peut venir toquer de façon inopinée à notre porte, quelqu'un qui vit tout près, pour dire « Nous rentrons juste d'Espagne et nous vous avons acheté une bouteille de vin. ». Donc nous avons arrêté de parler aux gens qui prennent et ne donnent jamais. Nous avons arrêté de les inviter et nous n'en avons plus jamais entendu parler. Et soudainement, nous avions plus de temps à consacrer aux personnes qui sont « notre famille », les personnes importantes. Cela a amélioré notre qualité de vie, cela nous a libéré davantage d'espace et de temps.

Nous avons cessé nos relations avec ceux qui passent leur temps à nous demander de leur prêter de l'argent, de régler leurs problèmes quotidiens et cela met les autres en valeur. Certains sont importants et ce sont ceux auxquels il est nécessaire de consacrer notre énergie, ceux que nous devons soutenir et ce sont ceux qui sont devenus essentiels pour notre famille. Nous sommes là pour eux s'ils ont une difficulté quelconque et ce qui est intéressant c'est que s'il nous arrive la même chose, ils seront les premiers à dire : « Nous sommes là, de quoi avez-vous besoin ? Avez-vous besoin d'un endroit où loger ? Avez-vous besoin d'argent ? D'une voiture ? De vous cacher de la police ? Avons-nous besoin de vous procurer des armes ? ».

Donc, je ne pense pas qu'il soit nécessaire d'avoir une famille nombreuse. En tout cas, je n'en suis pas conscient et je ne pense pas en avoir souffert. Quand les gens me disent que j'ai eu une enfance tragique et que c'est terrible, je crois qu'il y a deux manières d'appréhender les problèmes qui se présentent dans la vie. Soit c'est la faute de quelqu'un d'autre, soit c'est la vôtre. Si on pense que c'est la faute d'une personne extérieure, on est toujours à la recherche de quelqu'un pour prendre les choses en mains. Si on agit en pensant qu'on est le seul responsable, c'est notre vie et on doit régler le problème soi-même. Neuf fois sur dix on se rend compte qu'on peut agir sur le résultat, ce qui nous permet de devenir plus fort et plus indépendant. Je ne fais pas partie des personnes qui pensent être des victimes.

En vous écoutant, on a l'impression que ces trois mois de prison vous ont rendu meilleur.

Oui, je le pense.

Avez-vous des regrets ?

Non.

Votre enfance aurait-elle été différente si vos parents avaient été présents ?

Très différente. Mais je n'ai pas de regrets. Absolument aucun. Je pense à ma vie, je pense à mes voyages, je pense aux personnes que je rencontre, je pense au fait que j'ai écrit vingt-trois romans avant d'être publié. J'ai écrit trois millions de mots avant de trouver un éditeur.

Le premier roman que j'ai publié en 2003 en Angleterre était le vingt troisième que j'ai écrit. J'ai vingt-huit romans non publiés là-haut[1]. En y réfléchissant, j'ai quand-même un regret dans ma vie : si je pouvais recommencer et changer quelque chose, je choisirais d'avoir un enfant de plus. C'est la seule chose que je changerais.

Avez-vous découvert quelque chose récemment ? Y a-t-il une raison ?

C'est une excellente question. Peut-être au moment où mon fils est parti pour aller au pensionnat. C'était son choix, à l'âge de quatorze ans. Et soudainement la maison était vide. C'est comme si j'avais toujours voulu avoir une fille, mais les situations, les

---

[1] Il désigne le grenier de sa maison.

circonstances et les finances ont rendu la chose difficile. Nous aurions pu avoir plus d'enfants mais nous ne l'avons pas fait. Je pense que lorsqu'il est entré au pensionnat, j'ai réalisé qu'il était un jeune homme et qu'il avait sa propre vie, qu'il était indépendant et qu'il disposait de son libre arbitre. Il y a peu de choses que je puisse influencer. J'ai pris conscience de l'absence de son point de vue d'enfant. Le mien est très simple : avoir un enfant, particulièrement quand il est jeune et qu'il découvre le monde, c'est presque comme avoir la possibilité de redécouvrir le monde soi-même. Je me souviens d'avoir emmené mon fils Ryan à Eurodisney et d'être allé au village italien. Et rien que la simple expérience de voir quelqu'un découvrir les choses pour la première fois, des choses telles que celles qu'on découvre en étant jeune et qu'on a oubliées, c'était magique. J'aurais voulu le refaire deux ou trois fois. Peut-être serai-je grand-père un jour ?

Dans _Mauvaise étoile_, il y a deux frères qui ont la même mère mais un père différent. Deux frères avec une vie différente. Doit-on y voir un reflet de votre propre vie ? Pensez-vous que nous sommes maîtres de nos choix ou que nous subissons notre destinée ?

Le thème principal de _Mauvaise étoile_ n'est ni le sort ni le destin mais le fait d'avoir le pouvoir de changer votre propre destinée. C'était un livre passionnant à écrire. Il n'était pas censé être une réflexion sur ma propre vie, ni être autobiographique. Tout au long de ma vie, depuis que je sais lire et même depuis que je sais parler, je suis fasciné par l'esprit humain. Qu'est-ce que l'Homme ? D'où vient l'humanité ? Quelle est sa nature ? Sommes-nous des animaux intelligents ? Sommes-nous le fruit de l'évolution tel que Darwin le décrit ? Sommes-nous juste des primates avancés ? Ou l'Homme est-il spirituel par nature ? Est-il la somme des concepts de l'âme humaine qui détermine le caractère, la personnalité, l'intelligence ? Il y a plus de deux mille ans, les premiers gitans indiens qui ont voyagé ont raconté des histoires, observé et parlé de la vie. Ils se sont demandés si la nature intrinsèque de l'Homme était spirituelle ou non. Pour eux, l'Homme n'avait pas une âme. Il était une âme et cette âme occupait un corps. Le corps était un véhicule pour exister dans un univers physique, c'est-à-dire dans le monde.

A la fin du XIXe siècle, au moment de l'invention de la psychiatrie, naît l'idée selon laquelle l'Homme est, à l'origine, un animal. De simple zygote au départ, le protoplasme est devenu un ornithorynque, puis est sorti de l'eau pour s'établir sur la terre. Il est devenu un singe puis nous-mêmes et toutes ces espères que nous connaissons aujourd'hui. C'est très bien comme théorie mais pour moi, les singes dont nous sommes censés être si proches, les dauphins dont le cerveau est aussi compétent que celui de l'être humain, ne peignent pas, n'écrivent pas de livres, ne construisent pas d'immeubles et ne réalisent pas de chorégraphie.

Mon point de vue, éclairé par mes propres expériences, mes lectures, mes études et mon questionnement permanent depuis près de cinquante ans, me conduit à penser qu'il existe une différence fondamentale entre un être humain et un animal. Et cette différence est que la nature de l'Homme est spirituelle. La vie humaine dure soixante-dix ou quatre-vingt ans et je suis persuadé qu'il existe quelque chose avant et quelque chose après. Je pense que les gens vivent des phénomènes de décorporation, qu'ils se souviennent de vies antérieures. J'accepte le concept de la réincarnation, le fait que la même identité spirituelle puisse avoir plusieurs vies, dans différents corps, avec différents noms. C'est une notion proche de la philosophie, de la religion, du Bouddhisme. Quelle est la conception spirituelle du Soi ? Qu'est Dieu ? Ce sont des questions intéressantes...

Si vous croyez à la réincarnation, croyez-vous en une sorte de divinité ?

Peut-être, ou peut-être en autre chose. J'ai écrit une scène dans un livre dans laquelle un homme se pose la question : « Existe-t-il une chose telle que Dieu ? ». Il entre dans une église et lève les yeux en direction de cet énorme plafond, comme celui du temple Saint-Etienne à Mulhouse, et pose la question : « Es-tu là ? ». La réponse qu'il obtient est l'écho de sa propre voix et il en tire la conclusion qu'il y a un peu de Dieu en chacun de nous. Donc Dieu, comme intelligence composite est juste une combinaison de tout le monde. Qui sait ? Dieu est-il une identité unique ? Tout est dit dans ce slogan, souvent trouvé sur des t-shirts : « J'ai rencontré Dieu, Elle est noire. ». Nous ne savons pas et c'est sans importance. Les gens ont le droit de choisir leurs croyances, de penser ce qu'ils veulent et s'ils veulent croire qu'on n'est rien d'autre qu'un animal intelligent qui s'est extrait de la boue et qui construit dorénavant des immeubles, pourquoi pas ! C'est un peu dans cet esprit que *Mauvaise étoile* a été écrit.

J'ai eu une conversation avec un homme qui avait des jumeaux. Ils étaient donc nés le même jour, au cours de la même heure, des mêmes parents, avec le même sang, le même ADN, la même alimentation ; ils ont fréquenté les mêmes écoles, porté des vêtements identiques, ils avaient la même date d'anniversaire, le même signe astrologique, tout était à l'identique. Ils avaient la même identité physique, mais leur personnalité était complètement différente. L'un d'entre eux était réellement athlétique, bien entraîné, un réel compétiteur, motivé, faisant du sport tout le temps et ne s'intéressant pas du tout à la culture, l'art ou les livres. Le second était tranquille, pensif, réfléchi, aimait lire, était intéressé par la peinture et la musique, totalement différent. L'un aimait jouer aux échecs et l'autre ne savait même pas ce qu'était un échiquier. Bien qu'ils fussent jumeaux, ils avaient des personnalités complètement différentes. Leur père, constatant que ses deux fils grandissaient ensemble tout en devenant différents, a été totalement convaincu que le caractère, la personnalité et l'identité ne sont pas physiques. Il se passe autre chose avec l'être humain.

Dans ce cas, n'est-ce pas une question de choix ?

En y repensant, j'ai songé à mettre en place un événement catalyseur afin d'observer comment deux personnes peuvent réagir différemment face à une même circonstance. Dans *Mauvaise étoile*, on a deux demi-frères, Clarence et Elliott, qui ont grandi ensemble, qui étaient proches et dépendaient l'un de l'autre. Nous les mettons en présence d'un même événement. L'un se révèle être un démon et l'autre un héros, pour souligner leurs différences et montrer qu'ils s'engagent dans des directions opposées.

Dans ce sens, ce n'est pas autobiographique. Ça l'est parce que chacun des personnages que je crée porte une part de moi-même. Généralement, quand je finis un livre, je n'y pense plus. Je n'emmène pas les personnages avec moi. Avec *Mauvaise étoile*, c'était différent. Plusieurs semaines après avoir terminé l'écriture, je ne pouvais pas m'empêcher de penser à la fille, Bailey, celle qui a fini la cavale avec Clarence. Elle était intelligente et drôle. Les lecteurs savent comme elle était géniale. J'ai continué de penser à elle et après trois semaines, en me demandant pourquoi, j'ai réalisé que le personnage que j'avais inventé dans ce livre était la fille que je n'ai jamais eue.

Je pense que si je m'aperçois d'une absence lorsqu'on parle de famille, je n'ai pas conscience des personnes qui étaient là avant moi. Je suis plutôt conscient d'une absence des personnes qui sont censées exister après moi. C'est une chose que je ressens. Il est facile pour moi de créer une émotion, ce sentiment qu'on aurait avec la naissance d'un second enfant. Je peux le ressentir aisément mais les personnes qui génèrent ces émotions en moi n'existent pas réellement. C'est étrange et bizarre.

Secrets d'écriture

Lorsque vous créez un personnage, vous écrivez énormément de choses à son propos. Vous le décrivez précisément, vous le travaillez. C'est le style Ellory ? Vous connaissez toujours tout à son sujet, le contexte, la famille, les frères, les petites amies ?

En fait, je ne travaille pas si dur que ça. J'ai une vraie aversion, dans le domaine de la fiction et particulièrement dans le polar, pour le personnage du détective toujours droit, qui a toujours une longueur d'avance sur les autres, qui ne commet jamais d'erreur et qui s'en sort à la fin. Ce n'est pas comme ça en réalité. Les gens sont plus fous. La majorité d'entre nous survit en ayant raison à cinquante et un ou cinquante-deux pour cent la plupart du temps. Si vous avez tort dans plus de cinquante pour cent des cas, vous êtes foutu ! Vous allez probablement mourir. Mais nous essayons de faire de notre mieux et nous prenons des décisions que nous pensons être les meilleures. Si nous découvrons qu'elles sont mauvaises, nous changeons et ainsi de suite.

Quelqu'un m'a demandé un jour quelle était selon moi la différence entre un adulte et un enfant. Je pense que les enfants font confiance jusqu'à ce qu'ils aient une raison de changer d'avis. Les adultes n'accordent pas leur confiance, jusqu'à ce qu'ils aient une raison de le faire. A quel moment cela change-t-il ? Probablement lorsque vous êtes trahi, déçu, abandonné, lorsque vous accumulez les échecs, quand votre cœur est brisé plusieurs fois et que vous réalisez qu'être un enfant n'a rien de magique. Ensuite nous progressons, nous grandissons, mais devenons-nous plus intelligents ? Probablement pas. Nous gagnons en expérience et fondons nos décisions sur ces expériences mais nous ne devenons probablement pas plus intelligents.

Vous avez des enfants et vous savez qu'ils font quelque chose de stupide, alors qu'ils ont pensé que c'était une bonne idée : par exemple, prendre une grosse brique et la lancer par-dessus la clôture pour briser la vitre du voisin. Vous essayez de comprendre ce qu'il s'est passé et la réponse est toujours la même. Ça semblait une bonne idée. C'est pareil pour les adultes. On ne prête guère attention aux choses, on boit trop, on conduit sans assurance et on percute un réverbère. Ça semblait une bonne idée au départ. Pour moi, la vie ressemble à un processus d'apprentissage par nos erreurs.

Lorsque vous avez dix-huit ans, votre père ne vous donne pas le mode d'emploi de la vie qui consisterait à appliquer des conseils à la lettre pour être heureux, avoir du succès, être riche et avoir des enfants magnifiques. Tout le monde serait merveilleux, aurait les yeux bleus et le soleil brillerait toujours. Ce n'est pas la vie et personne n'est comme ça. Quand je lis un livre, j'ai envie de partager l'histoire et de vivre le cheminement et l'expérience de cette aventure avec des personnes en qui je crois. Je veux ressentir la même chose que les personnages de l'histoire, comme s'ils existaient. Ils ne sont pas infaillibles, ils n'ont pas toujours raison, ils n'ont ni une existence parfaite ni des enfants superbes parce que ce la vie n'est pas ainsi faite. Je veux passer mon temps avec des gens comme moi. Des gens qui commettent des erreurs, font des choses stupides, boivent trop de vin et publient sur Internet des choses qu'ils ne devraient pas publier. Mais quand c'est fait, vous ne pouvez plus rien changer. Vous devez assumer les conséquences de vos actes.

Je veux que mes lecteurs ressentent la même chose en arrivant à la fin de mes livres, qu'ils aient la sensation de laisser des personnes derrière eux, des personnes pour lesquelles ils ont de la compréhension. Un bon exemple est lorsque mon roman *Les anges de New York* est paru aux Etats-Unis. J'y suis allé pour signer des dédicaces et alors que j'étais dans une librairie de New York et que quelques lecteurs faisaient la queue, vint une demoiselle. Elle était très intelligente, très bien habillée et évidemment très sophistiquée. Mais elle n'avait pas le livre. Elle m'a dit qu'elle l'avait lu et je lui demandé si elle avait un exemplaire à dédicacer. Elle me répondit qu'elle ne souhaitait pas de dédicace mais qu'elle était venue me poser une question. Le flic principal des *Anges de New York* est un enfoiré et à la fin du livre on ne sait pas ce qui lui arrive. Et cette femme voulait savoir s'il allait bien. J'ai pensé que pour un écrivain, c'est le meilleur compliment. Je lui ai répondu : « Il va bien, il ne boit pas, il a quitté son travail pendant un moment mais il est de retour. Il est toujours avec la même fille qu'à la fin du livre. Ce n'est pas facile pour eux, c'est une nouvelle relation à ce stade de leur vie mais il y a plus de bons que de mauvais moments et tous les deux pensent que ça peut fonctionner s'ils y travaillent. C'est bon, tout ira bien. ». Elle fut très rassurée, comme si c'était très important et elle me remercia. L'erreur aurait été de lui répondre : « Tout est fantastique » ou « De quoi parlez-vous ? Il n'existe pas. ». Nous savions qu'il n'existait pas mais à ce moment-là, il existait réellement.

Les personnages que j'invente dans mes livres, pendant le temps de la rédaction, sont une grande partie de ma vie, voire plus importants que les personnes avec qui je vis. Lorsque je m'assois et que je crée un personnage, je pense que c'est une personne réelle. Je me demande ce qu'elle fait, ce qu'elle aime, si elle collectionne les cartes de baseball, si elle mâche du tabac, si elle a mauvaise haleine, si elle n'a aucun goût en matière de chaussures.

Je commence à travailler vers huit heures du matin, jusqu'à trois heures ou quatre heures de l'après-midi, tous les jours, jusqu'à ce que je me dise que ça suffit. J'arrive à un point où je n'ai plus envie d'écrire, j'éteins l'ordinateur et je joue de la guitare pendant un moment. Puis je prépare le dîner. Vicky, mon épouse, rentre du travail le soir et je suis à la cuisine en train de préparer à manger pour nous et notre fils. J'aime cuisiner. Je mets de la musique, je bois un verre de vin. Je me fais plaisir et je me détends. Lorsque Vicky rentre et qu'elle s'aperçoit que je suis en pleine conversation, elle s'abstient de me parler. Elle sait que j'ai travaillé sur mon livre et ne m'interrompra pas. Donc parfois, les personnages deviennent réels, parfois ils sont faciles à lâcher et parfois non. Parfois c'est agréable d'être avec eux, parfois non. Mais pour moi ce sont des personnes réelles et je veux que mes lecteurs ressentent la même chose. Je veux qu'ils ressentent leur existence. Certains personnages sont inspirés de personnes que j'ai rencontrées.

Certains d'entre eux sont des extensions de ma propre personnalité. Certains ont exactement les mêmes opinions politiques et philosophiques que moi et d'autres me sont complètement opposés. Certains d'entre eux ont une morale, d'autres sont malhonnêtes. Certains sont des menteurs et d'autres des salauds. Un jour, un lecteur m'a envoyé un email m'expliquant : « Dans vos livres, on sait quand quelqu'un va mourir parce qu'on découvre plein de choses à son sujet et vous donnez l'impression qu'il est réel. Et il meurt. C'est comme si je perdais quelqu'un que je connaissais. ». Je ne pense pas planifier ces choses-là. C'est juste ma façon d'écrire.

Quelqu'un m'a demandé un jour : « Si vous pouviez donner un seul conseil, qu'il soit bon ou mauvais, à quelqu'un qui veut écrire un livre, quel serait-il ? ». Je lui ai répondu que le pire livre qu'il puisse écrire est celui dont il pense qu'il pourrait plaire. Le meilleur serait celui que lui-même aurait envie de lire. Je pense que j'essaie d'écrire des livres que j'aimerais lire, sur les sujets qui m'intéressent.

On me demande pourquoi j'écris sur l'Amérique, sur l'Angleterre. Pourquoi j'écris sur la criminalité. Je pourrais écrire une histoire d'amour. Pourquoi tant de violence ? J'écris sur des choses qui m'intéressent et qui conservent mon intérêt dans la durée. Ecrire demande du travail. Peu importe que cela prenne trois semaines ou trois mois, trois ans ou trois décennies. Tant qu'on écrit un livre, il faut rester enthousiaste, concentré et motivé. Il faut garder une bonne raison de le faire et une bonne détermination. Il ne faut pas le faire pour l'argent, pour impressionner les filles, pour rendre votre père fier, comme si vous aviez une vie utile. Il ne doit pas y avoir d'autre raison que celle d'en avoir envie.

Récemment, j'ai vu un documentaire sur le groupe R.E.M., que j'aime. Je les ai vus en 1982 à Birmingham lors de leur toute première tournée au Royaume Uni. Je pense que Michael Stipe est un excellent écrivain, un excellent parolier. Il expliqua que la personne la plus importante à écouter lorsqu'on est impliqué dans un projet de création est soi-même, parce qu'on est la seule personne qu'on a réellement besoin de satisfaire. Ceci est un paradoxe car on ne se satisfait jamais, c'est impossible ! Et si on pense qu'on se satisfait réellement, c'est certainement la dernière fois. C'est comme si j'écrivais un livre que je considérerais comme parfait et que j'étais satisfait de tout ce que j'essaie d'accomplir. Je n'en écrirais probablement pas d'autre. Il est possible que ce soit ce qu'Harper Lee réalisa avec *Ne tirez pas sur l'oiseau moqueur*. Elle l'a peut-être écrit en pensant qu'elle n'avait plus rien d'autre à dire. Elle en a publié un second mais il avait été écrit avant.

De nombreuses personnes me demandent lequel de mes livres je préfère. Je leur réponds : « Aucun d'entre eux. ». Mon livre préféré est celui que je n'ai pas écrit. Parce que je ne l'ai pas encore fait. Je ne l'ai pas encore écrit.

Vous avez dit que votre roman *Les assassins*, qui été publié en France en 2015, l'a été en Angleterre il y a déjà cinq ans. On peut donc voir votre progression. L'écrivain d'il y a cinq ans n'est pas le même qu'aujourd'hui. Est-ce que les personnages deviennent plus sombres ? Dans *Les assassins*, il n'y a aucun espoir.

J'ai écrit, depuis lors, des livres qui portent un espoir. Pourquoi ai-je écrit un livre particulier à un moment particulier ? Vous voyez les choses depuis la France, où vous avez mes livres dans un ordre différent. Le premier livre qui a été publié en France est *Seul le silence*, qui était le cinquième en Angleterre. Le deuxième livre publié en France était *Vendetta*, qui était le troisième en Angleterre. Tout est donc différent. Vous venez de recevoir *Papillon de nuit* qui a été publié en Angleterre en 2003. Donc vous lisez un livre qui a treize ou quatorze ans et qui a été écrit en 2001 ! J'ai commencé *Papillon de nuit* le lendemain du 11 septembre et il a été publié en juillet 2003 en Angleterre et en France en 2015.

J'écris trois types de romans différents. Les premiers romans que j'ai écrits sont des drames psychologiques, des intrigues à combustion lente : *Seul le silence, Papillon de nuit, Mauvaise étoile, Mocking Bird Songs*[2] qui parle de chanteurs de country au Texas dans les années quarante. Sans téléphone mobile, sans Internet. Si vous avez besoin d'une information rapide, vous devez prendre un cheval et courir très vite. A propos de *Mauvaise étoile*, je voulais écrire une intrigue dans un endroit et à une époque où enquêter était très difficile. Comment voulez-vous trouver quelqu'un au Texas, qui a la même superficie que la France, sans empreinte digitale et sans Internet ?

Le deuxième type de livres que j'écris regroupe des polars plus classiques : *Les anges de New York, Les assassins*. Ils sont tous un peu différents. Ce n'est pas comme : « Oh, il y a un cadavre ou un tueur en série et il s'avère que c'est le jumeau perdu du flic ! ». Je m'inspire de faits qui se sont déroulés à New York il y a quelques semaines. *City of Lies* est comme ça. Il n'a pas encore été traduit en français. C'est une histoire tout à fait contemporaine.

Le troisième type de livres que j'écris est épique : *Vendetta, Les anonymes, Carnival of Shadows*[3]. Il aborde les expériences de contrôle de la pensée dans les années trente et quarante dans le cadre d'une collaboration entre la CIA et le FBI. Il traite de la guerre civile hongroise comme celui que je suis en train d'écrire en ce moment et qui fait partie d'une trilogie intitulée *Kings of America*. Ce sera un roman de mille deux cents à mille cinq cents pages en trois volumes, à propos de la corruption et de l'histoire de la mafia à Hollywood.

Donc, j'ai écrit un livre comme *Seul le silence* et aussitôt après, *Les anonymes*. Ensuite j'ai voulu écrire un truc plus contemporain, sur les flics, avec beaucoup moins de recherches : *Les anges de New York*.

---

[2] Roman non traduit en français à ce jour.
[3] *Idem*.

40

Ensuite j'ai voulu écrire quelque chose avec une intrigue à combustion lente, plus historique, plus poétique, créer une ambiance. Ce que j'écris dépend donc de mon humeur. J'écris des livres différents à chaque fois parce que je n'ai pas envie de commencer à écrire le même type de livre que celui que je viens de terminer. Peut-être que la différence dans tout cela est celui que je rédige actuellement. La différence avec *Kings of America* est que c'est beaucoup plus important, plus épais. On voyage à travers différentes époques et on voit grandir deux familles et leurs enfants. On a l'impression que le deuxième tome est différent. C'est parce que l'histoire se déroule à une autre époque et que la société a évolué en même temps.

Vendetta est ce type de livre.

En effet, mais en un seul volume. Ce qui est intéressant c'est que *Vendetta* est le livre le plus long que j'aie jamais publié et qui m'a pris le moins de temps à rédiger.

C'est incroyable parce qu'il nous emmène tout autour du monde.

Oui. Ça m'a pris sept semaines pour l'écrire. J'avais un emploi à temps complet à cette époque et j'écrivais pendant deux heures le matin avant de partir et deux ou trois heures la nuit, quand je rentrais du travail. J'écrivais tous les week-ends et je l'ai fini en cinquante et un jours. Et cette durée inclut les recherches.

Oui, les recherches sont conséquentes…

J'étais absolument fasciné et je conserve toujours tous les résultats de mes recherches pour tous les livres que j'ai écrits. Je les ai dans une boîte dans mon bureau. Des pages et des pages, des notes, des noms de familles et leurs connexions. Parfois je dessine un graphique sur le mur pour visualiser comment chaque personnage est connecté aux autres. C'est ce que j'ai fait avec *Kings of America*.

Vous êtes obligé de le faire parce que vous ne pouvez pas vous souvenir où se trouve chaque personnage et c'est fascinant...

C'est la façon dont mon esprit fonctionne. Ce n'est pas une capacité particulière. Ce n'est pas parce que je suis intelligent. C'est juste ma façon de penser. Je n'ai pas un plan pour un livre. Quand j'ai écrit *Vendetta*, je n'avais aucune idée de la façon dont il allait se terminer ou dans quelles villes le personnage allait se rendre. Je l'ai juste écrit et j'ai fait en sorte que tout aille ensemble. Je me souviens, quand je suis arrivé à la fin et que j'ai pensé : « OK, on a ce mec dans un hôtel à la Nouvelle Orléans, surveillé par plus de monde que le président des Etats-Unis et il faut que je le fasse sortir. Comment faire ? ». C'était un peu comme si j'avais peint un sol en finissant coincé dans un angle. J'aurais dû en sortir sans laisser de traces sur la peinture encore fraîche, en lévitant. Il m'a fallu deux jours de réflexion pour m'en rendre compte. J'en ai discuté avec mon frère mais je ne lui ai pas demandé conseil pour penser à des idées que je n'aurais pas eues. Je lui en ai parlé parce qu'il me lit peu. Il n'aime pas du tout le crime. Il déteste certains de mes livres, qu'il n'a même pas finis. Par contre, il a vraiment aimé *Vendetta*. C'est également le roman favori de Vicky, ma femme.

Les gens me demandent comment je fais pour aller aussi vite et en fait ce n'est pas aussi rapide que ça en a l'air. Ça n'a rien à voir avec le nombre de jours mais avec le nombre d'heures. Si vous avez cinquante et un jours pour écrire un livre et que vous pouvez trouver six heures par jour, cinq jours par semaine, cela fait trente heures. Et si vous pouvez trouver vingt heures pendant le week-end, alors on parle de plus de cinquante heures hebdomadaires. Sur plusieurs semaines, on parle de plus de sept cents heures. Si nous avions parlé de dix heures hebdomadaires, ça m'aurait pris un peu moins d'un an. Le nombre d'heures passées quotidiennement à écrire est plus important que le nombre de jours. Si je sais faire quelque chose qui soit un peu différent de ce que font d'autres écrivains que je connais, c'est que je peux m'asseoir et écrire pendant six, sept ou huit heures non-stop. Je m'arrêterai pour prendre un café mais je tiendrai bon et je resterai assis à mon bureau jusqu'à ce que j'aie froid et je m'en ferai couler un autre ! Et j'aime faire des recherches, j'ai des questions sans fin, j'aime découvrir des choses. Il y a une citation qui dit : « Certains écrivains aiment écrire, d'autres aiment avoir écrit. ». Alors que certaines personnes aiment juste le fait d'avoir écrit, j'aime le processus mental, physique et spirituel de l'action d'écrire. Quelqu'un m'a envoyé un email me demandant de rédiger un article pour un blog. Donc je l'ai fait. J'ai écrit un texte sur les relations entre les livres et la musique et une fois terminé, mon article était aussi long que cinq pages d'un roman. Je l'ai réalisé en une heure, peut-être une heure et demie. Le maximum que j'ai écrit en une journée, en l'occurrence lorsque je rédigeais *Vendetta*, est de onze mille mots. Cela représente environ trente-cinq pages de roman. Et un autre point est que je ne relis jamais ce que je viens d'écrire la veille. Je ne reviens jamais en arrière. Lorsque j'écris, chaque jour je produis de la nouveauté.

Donc vous écrivez en un seul jet sans jamais y revenir ?

Non. Pas avant que le livre soit fini. C'est le processus. J'écris chaque jour et à la fin de la journée, j'ai fini un chapitre. J'écris le premier chapitre et ensuite je note en trois ou quatre lignes ce qui est arrivé dans ce premier chapitre, ainsi que la date. En procédant de la sorte, lorsque je commence le deuxième chapitre, je me remémore ce qui est arrivé. On pourrait croire qu'il s'agit d'un plan pour le livre, mais il n'en est rien. Je le construis chapitre après chapitre et de cette façon, je n'ai pas besoin de relire ce que j'ai écrit la veille parce que c'est une perte de temps. Le plus souvent, je m'en souviens et parfois je finis un chapitre en notant le numéro du chapitre suivant avec le thème, par exemple : « Lucie va au travail ». Comme ça, lorsque je reprends le texte, le jour suivant, je continue à partir de cette situation au moment où elle va travailler. Ce sont des points d'orientation pour moi, tout au long du chemin. Je procède également de cette façon parce que j'aime ça. J'enregistre le nombre de mots que j'écris chaque jour.

Avez-vous un objectif de mots à rédiger quotidiennement ?

Pas vraiment. Je me souviens d'avoir lu quelque chose au sujet de Steinbeck ou d'Hemingway qui disait : « J'écris chaque jour jusqu'à ce que je ressente que j'ai fait quelque chose de valeur et je n'arrête pas avant de savoir où j'irai demain. ». J'ai lu cela récemment et j'ai pensé avoir le même point de vue. En ce qui me concerne, je pense qu'une bonne production d'écriture n'est jamais en dessous de deux mille cinq cents mots par jour. Nous pensons en mots, plutôt qu'en signes comme les journalistes. La longueur moyenne d'un mot est d'environ sept lettres. Donc ça ferait dix-sept mille cinq cent signes. Je pense que c'est bien pour une journée mais j'aime en faire plus. J'aime écrire trois mille cinq cents ou quatre mille mots en une journée, ce qui représente entre vingt-quatre mille cinq cents et vingt-huit mille signes. Et parfois j'arrive à un point où je ne suis pas sûr de vouloir aller. Mais je n'arrête pas d'y réfléchir pour autant. Je m'oblige à continuer et de cette façon je trouve la solution. C'est ma conception de la créativité. Notre esprit est une éponge (je ne parle pas de notre cerveau car il est comme trois kilos de hamburger). On absorbe constamment des idées et de l'inspiration, des conversations, des mots, des dialogues, des images, des scènes, des émotions et quantité de choses puis on s'assoit et on écrit, on peint ou on crée une chorégraphie. Le fait d'utiliser tout ce dont on s'est imprégné est un peu comme presser une éponge, cela laisse de la place pour de nouvelles choses. Si on ne crée rien, on ne presse pas l'éponge. Les meilleures idées viennent quand on agit. Et à ce moment-là, on fait de la place pour laisser venir de nouvelles idées.

Il y a une fameuse interview de Picasso alors qu'il travaillait dans son atelier sur une énorme toile de cinq mètres sur six sur une échelle avec ses pinceaux et ses brosses. Le journaliste lui posa la question : « Vous avez une carrière incroyable derrière vous, vous avez un répertoire de travaux inégalé, un catalogue de peintures extraordinaires. Vous pourriez vous asseoir et griffonner sur le coin d'une nappe et quelqu'un le vendrait pour un quart de million de dollars. Vous avez eu cette vie étonnante et maintenant, à quatre-vingt-deux ans, vous travaillez encore douze à seize heures par jour. Pourquoi ? ». Il répondit : « Parce que quand l'inspiration me trouve, et elle me trouve rarement, je veux qu'elle me trouve en train de travailler. ».

C'est ce concept : lorsqu'on travaille, on est ouvert à la muse. Je ne voudrais pas paraître prétentieux ou parler de choses que je ne connais pas mais un flux créatif arrive dès lors qu'on commence à travailler. Vous savez, certaines personnes me demandent comment je fais pour dépasser le syndrome de la page blanche car elles-mêmes ne savent pas quoi écrire. Connaissez-vous Terry Pratchett ? C'est un écrivain britannique, récemment décédé, qui a écrit de magnifiques romans de *fantasy* devenus best-sellers dans le monde entier. Pour lui, le syndrome de la page blanche, ou « blocage de l'écrivain », a été inventé en Californie par des personnes qui sont incapables d'écrire. Ce n'est pas qu'elles le soient vraiment mais plutôt qu'elles pensent l'être. Ça ressemble à un blocage physiologique qu'on brise en commençant à écrire. Dans son livre sur l'écriture, Stephen King suggère la technique suivante : « Prenez votre livre préféré, posez-le à côté de votre machine à écrire et commencez à le copier. Le simple fait de bouger les doigts et de noircir le papier vous aidera. ». Et tout à coup, vous commencez à penser et vous sentez les émotions arriver.

Avec Picasso, l'idée est aussi de dire : « Je travaille, je travaille encore et encore et quand l'inspiration arrive, je suis prêt à l'exploiter. ». Donc il faut travailler. Il y a par exemple cette autre histoire avec Picasso. Un jour, il était dans un restaurant à Paris et le patron de l'établissement lui a proposé de lui faire cadeau de la note en échange d'un dessin sur la nappe. Quand il lui a demandé de le signer, Picasso lui a répondu : « Je paie la note mais je n'achète pas le restaurant. ». On retrouve l'idée de travail acharné pendant des années qui finit par payer.

Oui, absolument. C'est comme l'histoire du propriétaire d'un téléviseur en panne qui appelle le réparateur. Celui-ci arrive, démonte l'arrière de l'appareil, prend un tournevis et tourne une simple vis et le téléviseur fonctionne à nouveau. Pour cela, il demande cinquante euros : un euro pour tourner la vis, quarante-neuf pour savoir laquelle.

Vous parlez d'inspiration mais qu'en est-il du travail ? Certains écrivains disent que l'inspiration est une petite partie du travail et qu'ensuite l'essentiel reste à faire. Vous écrivez donc tous les jours ?

Quand je travaille sur un livre, j'écris tous les jours. Il y a une expression qui dit : « Créer quelque chose de valeur, c'est cinq pour cent d'inspiration et quatre-vingt-quinze pour cent de transpiration. ». C'est un métier de travailleur. Vous êtes votre propre employeur, vous vous auto-disciplinez, vous vous auto-motivez. Il est facile de se servir un verre de vin et de regarder la télévision, mais vous ne le faites pas. C'est quelque chose que j'ai découvert à nouveau en apprenant la guitare. Il faut y passer du temps.

Avez-vous débuté récemment ?

Voici mes heures de répétition, chaque jour[4]. Chaque jour depuis que j'ai démarré en 2009. Ça fait donc six ans et demi. Ce jour, j'ai travaillé trois heures et cinq minutes, cet autre jour, deux heures dix, cet autre jour, encore trois heures ou, celui-ci, quarante-cinq minutes.

Pourquoi est-il important pour vous de noter le nombre d'heures passées à travailler ? Vous le faites aussi bien pour la musique que pour l'écriture...

Parce que quelqu'un m'a dit que pour être bon dans un domaine, il faut s'entraîner pendant dix mille heures. Et jusqu'ici, j'en suis à moins de deux mille, ça fait donc encore un long moment pour y parvenir. Et je suis un peu d'accord. Jouer et enregistrer avec un groupe en studio a été une révélation et m'a montré à quel point il faut être précis et parfait. Je crois que Charlie Parker disait : « Maîtrise ton instrument, maîtrise la musique puis oublie tout ce bordel et joue ! ». Je commence à comprendre cela et je veux arriver à un point où jouer de la guitare me paraîtra familier. Par exemple, j'ai choisi cette chaise pour regarder la télévision parce qu'elle n'a pas d'accoudoirs et je peux donc jouer de la guitare en même temps. Je joue pendant les programmes musicaux et les publicités et je reconnais leurs clés. Avec la pratique, je sais que si je joue une note, elle correspondra à celle que j'entends à la télévision. Pas toujours mais neuf fois sur dix. Maintenant je peux écouter une note à la guitare et savoir si elle

---

[4] Il montre un cahier avec des inscriptions.

est accordée ou non juste en l'entendant. Je ne dis pas que je suis bon ou compétent mais je suis déterminé à le devenir.

Vous faites la même chose avec les mots. Vous dites qu'en les entendant vous pensez : « Celui-là est le bon. ».

Oui et il y a plus intéressant encore. Les mots ont un rythme et parfois lorsque je lis une phrase et qu'il y a une syllabe en trop je la réécris parce que le rythme ne me semble pas bon.

C'est comme un alexandrin ?

Exactement. Tout est question de rythme. On crée de la tension de différentes manières mais la meilleure façon est d'écrire des phrases très courtes. Lorsque les lecteurs lisent, ils sont de plus en plus tendus. La manière de faire ressentir de la lenteur est une longue phrase. Ce sont des techniques qu'un écrivain peut utiliser mais il y a une chose que j'ai découverte non par accident, mais en écrivant. Quelle est la différence entre un écrivain publié et un écrivain non publié ? Un appel téléphonique, un jour.

Est-ce juste une question de chance ?

Non. Il n'y a rien de tel. Je ne crois pas à la chance.

Il existe de bons auteurs qui ne trouvent pas d'éditeur. Pensez-vous que tout bon écrivain soit forcément publié ?

Je pense que Benjamin Disraeli, qui était le premier ministre de la Reine Victoria, avait raison lorsqu'il disait que le succès dépend de la constance de notre objectif. Je crois aussi que Richard Bach, qui a écrit *Jonathan Livingston le goéland*, avait raison en disant : « Un écrivain professionnel est un amateur qui n'a pas abandonné. ». Je crois que Tennessee Williams avait raison en disant : « La chance, c'est de croire que vous êtes chanceux. ». Je crois Arnold Palmer, le golfeur, qui disait : « Plus je m'entraîne, plus j'ai de la chance. ».

Je ne dis pas qu'il n'y a pas d'obstacles. Je ne dis pas que certaines personnes peuvent connaître plus de difficultés que d'autres à trouver un éditeur. Je pense que quand cela devient un obstacle ou un défi de trouver un éditeur, je peux servir d'exemple en terme de persévérance. J'ai dépensé des milliers d'euros en photocopies et envois postaux entre 1987 et 1993, pour envoyer mes manuscrits aux éditeurs. J'ai reçu plus de cinq cents lettres de refus. Nous avons pu rembourser les dettes liées aux photocopies seulement deux ans après la publication de *Seul le silence*, en 2009. En réalité, le premier montant substantiel que j'ai reçu de France à partir du succès de ce roman m'a permis de rembourser les dettes accumulées vingt années plus tôt en tentant de trouver un éditeur.

Vous n'avez jamais abandonné.

Eh bien, j'ai abandonné pendant huit ans. J'ai arrêté d'écrire entre 1993 et 2001. Parce que je pensais qu'avec vingt-deux romans et cinq cents lettres de refus, de toute évidence, personne ne voulait me lire. Je pensais que ce n'était pas pour moi, que je n'en étais pas capable. Et, le 11 septembre, mon point de vue a changé de façon significative. J'ai démarré l'écriture de *Papillon de nuit* le lendemain.

Et qu'en est-il des vingt-deux romans que vous aviez écrits avant celui-ci ?

Ils sont dans une boîte au grenier. Parce qu'ils sont bons, ils ont le niveau, ils sont bien écrits mais ils nécessitent d'être retravaillés pour parvenir à un stade qui me rendrait heureux de les voir publiés. Ceci me prendrait plus de temps que d'en écrire un nouveau. Et je suis plus intéressé par l'avenir que par le passé. Ce n'est pas vraiment important pour moi. Je les ai regardés récemment et je les ai posés sur le sol. Il y a beaucoup de contenu. C'était mon université, ma phase d'apprentissage, ce que j'avais besoin de faire pour m'améliorer.

Les gens me demandent ce que j'ai appris au cours de toutes ces années où j'ai été publié et où j'ai pu côtoyer le monde de l'édition. Premièrement, je pense qu'il est facile de dire plus avec moins de mots, et deuxièmement, j'essaie toujours de faire en sorte que l'émotion que je crée soit la chose la plus importante de l'histoire. Je n'essaie pas d'impressionner. Je n'essaie pas de convaincre que je suis intelligent. Je n'essaie pas de prouver que j'ai fait beaucoup de recherches. Je n'essaie pas de rédiger le livre le plus long qu'un être humain puisse écrire. J'essaie d'engager une attention, un intérêt et de faire en sorte que le lecteur découvre des choses au travers des personnages de l'histoire. Et lorsqu'il a terminé le roman, il le laisse de côté et il l'oublie pendant six mois et tout à coup, il aperçoit quelqu'un le lisant dans un avion, une gare ou simplement il voit la couverture quelque part. La chose la plus importante n'est pas qu'il se souvienne de mon nom ni du titre du livre ni du nom des personnages. Ce qui est intéressant pour moi, c'est que le lecteur se dise : « *Mauvaise étoile* ? Qu'est-ce que c'est sombre ! », et qu'il se souvienne de ce que ce livre lui a fait ressentir. C'est *la* chose importante pour moi.

Il y a seulement trois choses que je décide lorsque j'écris un livre. J'ai de nombreuses idées. Certaines sont bonnes, d'autres le sont moins. Certaines sont énormes, d'autres sont minuscules. Je me retrouve à écrire un livre sans pouvoir le lâcher, de ceux qui ne me laissent pas seul. Plus j'y pense, plus il grossit et plus les choses semblent lui être attachées, comme s'il y avait une gravité négative et qu'il attirait toutes les choses à lui.

J'étais dans cet état d'esprit avec *Vendetta*. Le projet était d'écrire une histoire autour de la mafia. Je n'ai jamais lu *Le parrain* mais j'ai vu les films. Mon fils l'a lu, il y a quatre ou cinq ans, et l'a adoré, et il a vu les films. Je l'ai acheté dans une librairie d'occasion en pensant que c'était un livre que je devais posséder. Je pense que je le lirai un jour. Je voulais surtout écrire un livre sans être influencé par un autre roman sur la mafia. La motivation principale pour moi était le personnage central de Perez. Il était forcément un outsider, quelqu'un qui ne pouvait pas être de la mafia. Par conséquent, il était cubain. Mon idée était de créer un personnage qui soit le pire être humain auquel je puisse penser. Mais à la fin du livre, on s'est attaché à lui sans savoir pourquoi. C'était mon but en écrivant ce roman.

La deuxième chose sur laquelle je travaille après avoir défini les bases de l'histoire, c'est quand et où elle se déroule. Parce que si j'écris *Seul le silence* en Géorgie en 1939 – 1940 puis *Les anonymes* à Washington en 2006 et ensuite *Mauvaise étoile* au Texas en 1960, il y a à chaque fois une atmosphère et des sensations différentes. La période et l'endroit nous informent sur la culture, la religion, la philosophie, la politique, la nourriture et la tenue vestimentaire. L'ensemble de l'intrigue découle de ces paramètres et c'est d'une importance vitale.

La troisième chose que je décide, et qui est probablement la plus importante pour moi, c'est comment je veux que vous vous sentiez en lisant le roman. Quelle émotion j'essaie de transmettre au lecteur. Bien sûr, je peux vouloir des émotions et vous pouvez ressentir les choses tout à fait différemment.

Je peux dire, si nous orientons tels personnages dans une certaine direction, que cela contribuera à faire émerger tels sentiments au lecteur ou si ça l'en éloignera. Ceci me permet de décider au fur et à mesure de ma rédaction si une chose doit figurer ou non dans l'histoire. Pour moi, c'est comme une boussole. Si je vais vers le nord-ouest, est-ce que cette situation contribue à nous faire progresser dans la bonne direction ou nous emmène-t-elle ailleurs ? C'est ma façon de penser et de travailler.

Donc mon début est très simple. Voyons comment démarre *Vendetta*. Je veux un début et non une fin. Pourquoi ? Parce qu'elle est sexy, chaude, qu'elle nous procure des sensations, une atmosphère, je veux la décrire, je veux créer une Nouvelle Orléans mythique. Je veux décrire une voiture vraiment cool, une Mercury Turnpike Cruiser 1957. J'avais un livre que Vicky m'avait donné il y a bien longtemps, qui était *Les voitures classiques d'Amérique*. Il y avait une photo de cette voiture et elle était si incroyablement belle. J'ai pensé : « Je veux cette voiture dans la scène d'ouverture de ce livre. Donc on fait quoi ? Plaçons un cadavre dans le coffre ». Et voilà ! Je me souviens, lorsque le livre est paru, il y avait une revue de presse qui disait en substance ceci : « Ce roman débute avec une phrase de quatre-vingt-sept mots sans arrêt complet à la fin et nous embarque pour un tour de montagne russe dans la pègre d'alors. ». J'ai pensé que c'était parfait. Je n'ai fait que commencer et c'était déjà tellement riche. Quand je le relis, parfois, je ne me souviens même pas de l'avoir écrit tant ça a été rapide, tant ça a été intense, le processus d'écriture m'échappe. Je ne vivais pas ici, je vivais dans un autre endroit.

Vicky, moi et notre enfant vivions dans une pièce. Nous étions ruinés, nous avions perdu notre maison, nous avions d'énormes dettes et j'essayais juste de tracer ma route en m'extrayant de cette réalité. Je travaillais à temps complet et c'était vraiment intense et passionnant de parvenir à écrire ce roman. Je le voulais, j'en avais besoin. C'était comme un exorcisme. Je me souviens de l'avoir fini et des années plus tard, lorsque j'étais à New York pour la première fois, en 2009, je suis allé à Tompkins Square Park, l'endroit où Ray a retrouvé sa fille. Je me suis assis sur un banc en pensant : « C'est ici que je l'ai placé. ».

Je suis allé dans de nombreux endroits et lorsque j'étais en Géorgie, pour la réalisation d'un documentaire sur *Seul le silence*, je suis allé à l'endroit sur lequel j'avais écrit sans y être allé au préalable. Ça a été une chose vraiment étrange car il était exactement comme je l'avais décrit.

Vous nous avez dit la même chose à propos de *Les anonymes*.

Oui, c'est bizarre. J'ai l'impression d'avoir été une éponge toute ma vie, j'ai absorbé des images et des sons, des couleurs et de la musique, des sentiments et des émotions et vous savez comment accorder l'écriture de vingt-deux livres en six ans avec un travail à temps complet ? C'était comme si l'éponge était trop pleine, il fallait que je l'essore jusqu'à ce qu'il n'en reste plus rien et ça m'a pris six ans ! Si on y pense avec une perspective freudienne, j'étais assis sur un canapé quelque part chez un psychanalyste à parler et parler encore. J'étais un enfant très timide et réservé, je ne voulais parler à personne. J'étais complètement déconnecté, en mauvaise santé, et à un moment au début de mes vingt ans, pour quelque raison que ce soit, tout ce que je n'avais jamais dit, j'avais besoin de le dire et donc je l'ai dit. En mots, en écriture.

Et vous avez commencé de cette façon ? Juste en prenant un stylo ?

J'ai eu une conversation avec un homme l'après-midi du 4 novembre 1987. Il lisait un livre debout. J'ai toujours lu, je n'ai jamais été sans un livre. C'était ma façon de m'échapper. Je lui ai demandé ce qu'il lisait et c'était *Ça* de Stephen King, qui est un excellent livre, l'un des meilleurs que j'aie lu sur l'enfance. Nous avons discuté et il en a parlé avec beaucoup d'enthousiasme et de passion et il m'a dit : « J'aime vraiment le lire, mais j'aimerais qu'il ne se termine jamais. Je l'emmène dans ma salle de bains, au lit, je m'endors avec le livre qui tombe sur mon visage. ». C'était comme si quelqu'un avait allumé une lumière en moi et j'ai pensé : « C'est ce que je veux faire. Je veux écrire quelque chose qui donnera aux lecteurs un tel sentiment. ». Je m'intéressais à la musique, à la photographie mais je n'avais pas la moindre idée de ce que j'allais faire de ma vie, je n'avais aucun but. Et cette conversation a été un catalyseur. Ce soir-là, vers dix-huit heures, je me suis assis, j'ai pris un stylo et des feuilles de papier et j'ai commencé à écrire le premier livre intitulé *Carrousel.* Je n'ai pas cessé d'écrire jusqu'au 23 juillet 1993. J'écrivais chaque jour, excepté quatre jours lorsque j'ai divorcé et que je devais quitter ma maison. Je n'en avais pas envie à ce moment-là.

De la galère au premier roman édité

Vous avez divorcé ?

J'étais marié une première fois en août 1987 et j'ai divorcé au début des années quatre-vingt-dix. Nous étions ensemble pendant cinq ans et avons été mariés pendant dix-huit mois environ. Elle vit maintenant à Seattle dans l'état de Washington, avec son nouveau mari. Nous nous sommes séparés très amicalement. Nous avions décidé que ça ne fonctionnait vraiment pas et que nous avions des intérêts différents dans la vie. Nous nous sommes séparés le soir du nouvel an 1987 et cinq jours plus tard, Vicky et moi avons dîné ensemble et nous sommes allés au cinéma. Le 8 janvier, je suis resté chez elle. Le 10 janvier 1989, nous nous sommes installés ensemble et depuis, nous sommes toujours ensemble. Je suis sorti d'une relation, d'un mariage, pour connaître une autre relation une semaine plus tard et ce mariage dure depuis trente ans maintenant. Je ne souhaite pas en connaître un autre.

Revenons au début, juste au moment où vous sortez de prison. Vous disiez que ça a été une leçon pour vous. Qu'avez-vous décidé à ce moment-là ?

De ne pas être un criminel.

Vous preniez de la drogue et de l'alcool.

Je n'ai pas arrêté la drogue avant vingt et un ans. Je prenais de la drogue, pas de la dure. Je fumais du cannabis, je prenais de l'acide, des amphétamines. Je n'ai jamais pris de cocaïne ou d'héroïne. Je suis le genre de personnalité qui fait les choses à fond. Donc si j'avais été un vrai junkie, je serais mort à vingt-cinq ans. Nous vivions dans un quartier de Birmingham appelé Handsworth qui était principalement habité par une population noire. C'était extraordinaire, j'adorais vivre là-bas. Nous avions une petite maison et en même temps nous étions assez âgés pour bénéficier d'aides du gouvernement. Nous ne travaillions pas. Nous écoutions juste de la musique et avions quelques amis. Nous buvions trop et fumions trop de cannabis. Fondamentalement, je n'ai rien fait pendant quatre ans. Ensuite, nous avons déménagé dans un autre quartier entre Noël 1985 et nouvel an 1986. Nous nous sommes installés dans une maison et j'ai commencé à jouer de la guitare et à la traîner partout avec moi. Je ne la maîtrisais pas beaucoup mais j'ai décidé que ce serait une bonne idée de jouer avec d'autres musiciens. Un gars est venu jouer de la basse, un autre de la batterie et nous avons commencé à faire du bruit et à nous amuser. Le batteur souffrait d'asthme et ne fumait pas de cigarettes mais parfois du cannabis. En janvier 1986 il faisait très froid et nous n'avions pas de chauffage dans la maison. Il est mort d'une crise d'asthme et est tombé devant la porte d'entrée. Mon frère et moi avons appelé l'ambulance qui a mis près d'une heure à arriver à cause de la neige. Nous lui avons fait du bouche-à-bouche, essayé de le réanimer mais il était déjà mort et nous ne le savions pas. Donc nous avons entendu les affres de la mort, le dernier son émis par une personne décédée. Chaque souffle que nous envoyions dans son corps en ressortait comme un râle d'agonie, pendant toute une heure. Et quand les ambulanciers sont arrivés, ils ont constaté son décès.

Ceci m'a fait arrêter. Il avait vingt-quatre ou vingt-cinq ans, il était beau garçon, il était charmant. Cet événement m'a fait prendre conscience que ma vie ne prenait pas une bonne direction. En observant les personnes autour de moi et leur vie, j'ai su que je n'avais pas les activités qui génèrent le bonheur, le succès et la prospérité. J'ai su qu'il était temps de changer ma vie. J'ai commencé à travailler, à gagner un peu d'argent et j'ai rencontré une fille, celle avec qui j'ai fini par me marier. J'ai emménagé avec elle. Elle avait un petit garçon de dix-huit mois de sa relation précédente et je l'ai élevé comme s'il avait été le mien, aussi bien que j'ai pu. J'ai exercé toutes sortes de métiers. Celui qui a duré le plus longtemps était dans le transport international. J'ai travaillé pour une société qui envoyait des camions dans l'Europe jusqu'en 2001. En fait, je l'ai quittée lorsque j'ai commencé à écrire *Papillon de nuit.*

Mon employeur et moi nous entendions bien et il aimait vraiment mon attitude volontaire. J'étais responsable du marketing et de la publicité. J'avais des idées créatives et je rédigeais toutes les brochures et le contenu pour les magazines et les sites Internet. C'est le bonhomme qui, vingt ans après, est venu me retrouver pour me proposer de lancer avec lui une entreprise d'importation de vins d'Europe de l'est. Je lui ai fait des propositions pour le nom de la société, le logo et le site Internet et il m'a répondu que c'était exactement ce qu'il voulait. Donc il est le premier actionnaire et directeur général et je suis le deuxième actionnaire et directeur du marketing. Nous avons un associé en République Tchèque. Je travaille à nouveau pour lui, vingt ans après. Le week-end dernier, nous étions en Espagne, à vingt kilomètres de l'endroit où il possède une maison et il nous l'a fait visiter. C'est comme si la boucle était bouclée.

Donc, à vingt et un ans, vous décidez de changer de vie, vous avez un bon travail parce que vous êtes créatif, vous avez une femme et un enfant et tout à coup arrivent les événements du 11 septembre 2001.

J'ai commencé l'écriture en 1987, à peu près au moment où j'ai arrêté la drogue. J'ai écrit pendant six ans, vingt-deux romans que j'ai envoyés aux éditeurs anglais et américains. Je n'ai pas été publié et j'ai dépensé une fortune avec les photocopies et les envois. En 1993, j'ai abandonné et j'ai commencé à m'intéresser à la photographie avec l'objectif de devenir journaliste. Je pensais qu'à défaut d'écrire des créations, je m'apprêtais à écrire de la non fiction. Pour des journaux ou des magazines, je pourrais voyager dans le monde et faire des photos. J'ai commencé à travailler pour épargner et acheter un équipement photographique de bonne qualité, que j'ai toujours. La plupart des photos que j'ai prises sont sur Facebook pour la première partie de mes voyages, comme en 2009, quand j'ai voyagé pendant sept mois avec cet équipement. C'était toujours dans l'optique de faire quelque chose en rapport avec l'écriture, quelque chose de créatif et d'artistique.

Je travaillais dans la société dont je vous ai parlé jusqu'au 11 septembre 2001. Nous avons vu les évènements en direct sur Internet. Pour moi, deux choses se sont produites. La première est qu'une telle chose ne pouvait pas arriver sans une entente avec le renseignement militaire et les structures gouvernementales américaines qui l'ont autorisée. Ce n'était pas une activité terroriste totalement externe. La raison pour laquelle je dis cela, et j'ai beaucoup de théories et d'idées, est un cas juridique intéressant qui s'est récemment produit en Angleterre. Ici nous avons la BBC, la télévision appartenant à l'Etat, et nous payons cent quatre-vingt euros de redevance annuelle pour pouvoir regarder ses programmes. Et c'est la loi. Si on a un téléviseur, on doit payer, sinon la BBC peut nous facturer une amende et nous poursuivre devant un tribunal. Il y a un homme qui n'avait pas payé sa redevance télévisuelle et qui refusait de le faire. Il a laissé la BBC le poursuivre devant le tribunal et il s'est défendu lui-même. Il a pris un DVD qu'il a enregistré à la télévision le 11 septembre comme preuve de la collusion de la BBC avec le gouvernement américain et le renseignement militaire qui cherchent à dissimuler au moins une partie de la vérité sur ces événements. La preuve qu'il produisit montrait un reportage télévisé depuis New York par un reporter britannique qui expliquait aux caméras que les immeubles six et sept du World Trade Center s'étaient effondrés. Ces immeubles abritaient une partie des finances de l'administration Bush. Ils se trouvaient environ à quatre cent mètres des tours jumelles. Il n'y avait aucune raison pour qu'ils s'effondrent, pour qu'ils explosent ou tombent mais quelques heures après les attentats, ils s'effondrèrent. Le seul problème avec ce reportage de la BBC est que pendant que le journaliste expliquait comment les buildings s'étaient effondrés, ils étaient visibles à l'arrière-plan et étaient encore debout. Il montra ce DVD au tribunal et le juge dit :

« Ceci, au-delà de toute question est la preuve que la BBC et le renseignement militaire américain ont caché la vérité ». L'homme a gagné le procès mais cela n'a pas été relaté dans les journaux. Vicky l'a trouvé, c'était devenu une information virale sur Internet qui a ensuite été supprimée.

Dans tous les cas, de nombreuses questions se posent. Le kérosène brûle à six cents degrés centigrade, l'acier fond à mille quatre cent degrés. Deux semaines après le 11 septembre, il y avait toujours des restes de métal fondu dans les fondations du World Trade Center. Il a fondu à huit cent degrés au-dessus de la température à laquelle le kérosène prend feu. Il y a trop de choses qui n'ont pas de sens, mais nous n'allons pas apporter la réponse à cela. J'ai juste pensé qu'il y avait plus que ce que nous savions.

La deuxième chose à laquelle j'ai pensé est le fait que trois mille personnes allaient travailler et ne sont jamais rentrées chez elles. Et j'ai pensé à ces vies incomplètes. J'ai pensé au gars qui travaillait au trente-cinquième étage de la tour nord et qui prenait l'ascenseur tous les matins avec cette fille qui lui plaisait tout en pensant prendre un verre avec elle ou un café sans jamais lui avoir proposé. J'ai pensé à cette femme qui allait rentrer chez elle le prochain week-end et annoncer à son petit ami qu'elle était enceinte. Ou ce jeune homme qui avait dans sa poche une bague de fiançailles, qui avait projeté d'emmener sa petite amie au restaurant le soir même pour lui demander : « Veux-tu m'épouser ? ». Ou le gars qui voulait rentrer chez lui le prochain week-end et finalement, après je ne sais combien d'années passées à fuir la réalité, s'apprêtait à annoncer à ses parents : « Ecoutez, je suis gay, il va falloir l'accepter ». Toutes ces vies inachevées, toutes ces choses qui ne se sont jamais réalisées. Et je me suis souvenu de cette idée que la plupart des problèmes dans la vie sont résolus grâce à vingt secondes de courage. C'est une idée que j'aime vraiment, comme parfois lorsque nous pensons « Je ne peux pas le dire », ou « Je ne peux pas le faire » ou « Je ne peux pas prendre une décision ». Peu importe. Si nous avions juste vingt secondes de courage, nous le dirions, nous le ferions, nous prendrions cette décision et quelque chose arriverait. Donc j'ai pensé à ces trois mille vies incomplètes et ça m'a rappelé une chose que ma grand-mère disait : « « Que se passerait-il si ? » est la question avec laquelle commencer la vie, pas la terminer ». C'est comme à la fin de notre vie, à quoi allons-nous penser ? Pas aux choses que nous avons faites, mais aux choses que nous n'avons pas faites.

L'idée est que personne n'arrive à la fin de sa vie en pensant à tous les moments où il aurait pu être encore plus un enfoiré. En réalité, il pense à toutes les fois où il aurait dû l'être moins et où il aurait dû être plus gentil, plus décent, plus honnête.

C'est encore une chose au sujet de laquelle j'ai écrit, il y a quelques jours. Une fille choisit un petit ami que son père n'approuve pas. Evidemment, la fille aime le garçon et le garçon aime la fille. Ou la fille aime la fille et le garçon aime le garçon, peu importe, le père désapprouve. Ils ne se parlent pas pendant quinze ans et puis il a un cancer. Il veut vraiment se réconcilier avec sa fille mais elle dit : « Va en enfer, j'ai déménagé en Australie. ». Et elle ne découvre pas qu'il est mort ensuite. Il meurt malheureux, misérable, incapable de se réconcilier avec sa fille. Elle passe le reste de sa vie avec un sentiment de culpabilité de n'avoir pas réellement parlé avec son père. Et ces évènements bizarres se passent, où les personnes ne se parlent pas, tout simplement.

Dans *Les anges de New York*, je pense que j'ai décrit un personnage qui voit une fille dans le métro, il sait que c'est la fille de ses rêves et il ne dit rien. Et le reste du temps, il rumine en se disant : « J'aurais dû dire quelque chose. ».

Toutes ces personnes et toutes ces vies incomplètes ; que serait-il arrivé si elles avaient pris une décision plus courageuse, si elles avaient agi, etc. J'ai pensé à ce moment-là : « Ceci s'applique à nous tous. ». Même maintenant, alors que nous sommes toujours vivants et que nous progressons dans nos existences et les situations que nous rencontrons, nous ne faisons juste pas le choix courageux. J'ai lu une citation de Benjamin Disraeli, qui fut Premier ministre du Royaume-Uni au XIXᵉ siècle : « Le succès dépend de la constance de notre objectif. » et j'ai pensé : « Me voilà, je fais un boulot que je n'apprécie pas particulièrement, je ne gagne pas assez d'argent, je ne suis pas très heureux, j'ai trente-cinq ans, est-ce que je vais continuer ainsi pour le restant de ma vie ? Je vais exercer mon boulot *comme un singe avec une cravate*[5] ». J'ai pensé que je ne pouvais plus continuer ainsi et je me suis demandé à quel moment j'étais le plus heureux. C'était lorsque j'écrivais, lorsque je créais quelque chose, même si je n'étais pas publié. J'étais heureux car je laissais quelque chose derrière moi.

Donc les jours suivants, j'ai recommencé à écrire et Vicky qui était avec moi tout le temps, pendant toutes ces huit années durant lesquelles je n'avais pas écrit (j'avais écrit au début, pendant les quatre premières années de notre relation) m'a dit : « J'ai attendu ce moment depuis huit ans. ». Elle n'en avait jamais rien dit, jamais un mot. Elle est comme ça. Par exemple, j'ai des guitares électriques très très chères entre deux mille trois cent et deux mille neuf cents euros chacune. J'en ai cinq. Elles ont l'air identiques mais ce n'est pas le cas, elles ne sonnent pas pareil. J'en ai acheté une lors du Noël dernier qui est celle que j'utilise maintenant sur tous les disques. Elle m'a coûté deux mille huit cents euros et elle a été livrée lorsque j'étais à l'étranger. Elle m'a appelé et m'a dit : « Ta guitare est arrivée ! », elle était très exaltée. Lorsque je suis rentré, elle ne m'a pas demandé combien elle a coûté ni où je l'ai dénichée. Je lui ai dit le prix et elle m'a répondu : « Très bien, c'est ce qu'elles coûtent non ? Allez, branche-la. ».

Chaque livre non publié, au grenier, elle l'a lu. Je lui ai lu la plupart, littéralement quotidiennement. Donc j'ai écrit trois livres, l'un s'appelant *Five 'til Midnight*, un autre intitulé *Touching Heaven* et le troisième était *Candlemoth* (*Papillon de nuit* en français). Je l'ai terminé, je l'ai saisi, j'en ai fait trente-six copies et je l'ai envoyé à trente-six éditeurs au Royaume-Uni. C'était à la fin de l'année 2001. Et les lettres commençaient à me parvenir en retour, disant : « Très bien mais pas pour nous. ». Et je pensais

---

[5] En français dans le texte (Note de l'éditeur).

que *Papillon de nuit* pouvait être publié donc je me suis dit : « OK, je n'ai pas de succès auprès des éditeurs britanniques, je vais l'envoyer aux éditeurs américains. C'est un livre américain, c'est une histoire américaine. ». Donc j'ai commencé à contacter les éditeurs qui ne m'avaient pas retourné mes manuscrits parce qu'ils étaient très chers à photocopier. C'était en janvier 2002 et alors que j'appelais les éditeurs, j'ai parlé à cette dame qui m'a dit : « Je vous ai envoyé une lettre en novembre. J'ai aimé votre livre mais il n'était pas réellement adapté pour nous. Je suis désolée, nous ne l'avons pas gardé mais j'ai un ami qui vient juste de rejoindre une autre maison d'édition. Avez-vous une autre copie ? Si vous me l'envoyez, je lui transmettrai pour voir ce qu'il en pense. ». Et elle l'a fait. Son ami l'a lu, l'a aimé, n'a pas pensé qu'il était approprié pour sa maison d'édition et l'a donc donné à un autre gars, qui l'a lu, l'a aimé et m'a contacté. Il a alors passé cinq mois à convaincre les gens de la maison d'édition et il a réussi. Il est toujours mon éditeur.

Donc après toutes ces années, vous avez enfin trouvé quelqu'un...

Qui y croyait autant que moi ? Oui et ce depuis le jour où j'ai commencé à écrire, du 4 novembre 1987 jusqu'au jour où on m'a offert un contrat d'édition le 21 juin 2002, cela faisait quasiment quinze ans. Il a alors été publié en 2003. J'ai touché six mille euros de la maison d'édition. Puis à la fin de l'année 2002, mon éditeur est allé au salon du livre de Frankfort et a vendu la traduction en Allemagne, en Hollande et en Italie, ce qui lui a permis de recevoir suffisamment d'argent pour payer mon avance. Donc, avant la publication du livre en juillet 2003 au Royaume-Uni, il s'est autofinancé. Aussi, lorsque j'ai soumis mon manuscrit suivant, j'avais déjà fait un pas en avant. C'était *Ghostheart*, qui n'a pas été traduit et le troisième était *Vendetta*. Nous avons publié le premier en 2003 et depuis, nous publions un nouveau roman chaque année. Le dernier, *Mockingbird Songs* était le treizième.

Donc vous avez attendu quinze ans, mais, finalement, quand c'est arrivé, c'est allé assez vite.

Comment était-ce quand mon éditeur m'a appelé et qu'il m'a dit qu'il allait m'envoyer un contrat d'édition ? C'était comme rencontrer son âme sœur et la demander en mariage tous les jours pendant quinze ans sans même qu'elle ne l'entende et finalement, qu'elle accepte. C'était exaltant, c'était comme le début d'une aventure, comme une justification, comme si j'avais été certain que je pouvais être publié, Vicky aussi, mais pourquoi nous ?

Toutes les personnes qui écrivent un livre sont persuadées qu'elles peuvent être éditées. Quand mon roman l'a été (nous avons une chaîne de librairies appelée *Waterstones* au Royaume-Uni), je suis allé dans une librairie *Waterstones* dans le centre de Birmingham et il était là, avec sa couverture rigide et mon nom dessus, j'ai acheté un exemplaire de mon propre livre. Et le gars derrière le comptoir, son nom était Ben, m'a dit : « Oh, j'ai entendu parler de ce livre, il paraît qu'il est très bon. Un de mes amis a commencé à le lire et l'a confirmé », et j'ai dit : « Comment tu t'appelles ? ». Il a répondu s'appeler Ben. Alors j'ai ouvert le livre et y ai écrit : « Pour Ben, avec tous mes meilleurs sentiments », je l'ai signé, lui ai donné et en ai acheté un autre. Il pensait que j'étais une espèce de fou, mais je lui ai expliqué que j'achetais un exemplaire pour moi-même, comme une tradition. C'est une chose amusante à faire. La nouveauté n'est pas là. Ce n'est pas une nouveauté d'avoir un livre qui paraît.

C'est intéressant parce que vous passez un long moment à écrire le livre et vous l'envoyez. Puis l'éditeur revient en arrière et vous demande de changer ceci. Vous le renvoyez. Parfois cela nécessite peu de travail, parfois beaucoup. Ensuite il le met en forme et vous devez le relire, le corriger, le valider. Avec le temps, lorsqu'il part réellement pour l'impression, vous l'avez lu environ douze fois et vous le trouvez horrible, ennuyeux et insupportable. Vous savez ce qui va arriver à chaque page. Alors il y a un long intervalle de six à huit mois peut-être et tout à coup il apparaît. Et étrangement, c'est comme si ça n'avait pas d'importance.

En France, c'est différent parce que les gens sont excités, ils l'achètent et le lisent. Mais au Royaume-Uni, c'est sans grande importance. Nous n'avons pas la même attitude avec les livres.

La culture du livre en France

Pouvez-vous expliquer la différence d'attitude entre les Français et les Anglais ?

Pour démarrer, je vends dix, vingt, quarante, cinquante fois plus d'exemplaires en France. Je ne gagne pas d'argent avec la vente de livres en Angleterre. J'ai une maison grâce à la France, j'ai une voiture grâce à la France, j'ai mis mon fils à l'école grâce à la France, j'ai des chaussures à mes pieds grâce à la France. La France est notre moyen de subsistance de tant de façons. Je continue à être publié parce que l'argent que je génère en France paie mes avances en Angleterre. L'industrie des livres en Angleterre s'effondre si vite que c'est effrayant. Je pense que les ventes de livres en Angleterre ont décliné d'environ soixante pour cent au cours des dix dernières années. Nous n'avons pas de « prix unique du livre ». Je peux acheter mon propre livre chez *Waterstones* à vingt euros et sur Internet on le trouve à huit ou neuf euros. Par conséquent, toutes les librairies indépendantes sont fermées. Il faut se battre pour trouver une librairie indépendante quelque part. Il n'y a pas d'événements organisés autour du livre, nous ne faisons pas de lancement. On peut passer son année entière en France alors qu'il y a seulement deux festivals de polar au Royaume-Uni et chacun d'eux dure une semaine. L'un à Bristol, l'autre à Yorkshire. Les gens invités sont privilégiés, toujours les mêmes chaque année et ils ne changent pas. Pourquoi ? Parce que les personnes invitées sont celles qui les dirigent. C'est comme ça que ça marche.

Les livres sont-ils remplacés par les liseuses électroniques ?

Non. En fait, *Waterstones*, qui est réellement la dernière chaîne de libraires au Royaume-Uni, a cessé de faire la promotion des liseuses. Il y a deux ans, un million deux cent mille Kindle ont été vendus à Noël. Au trente et un mars de l'année suivante, plus de soixante-dix pour cent d'entre eux n'avaient jamais été allumés.

Si on change le support de lecture, on ne transforme pas en lecteur quelqu'un qui ne lit pas. Un lecteur lira tout, de toutes les façons, quel que soit le support et s'il n'a rien à lire, il trouvera quelque chose. Je vais dans les écoles, je vais dans les lycées, je vais dans les universités ; les enfants ne lisent pas. J'étais dans une université l'année dernière et j'ai donné trois cours. Trente-cinq étudiants par cours, cent cinq étudiants en tout. Le plus jeune avait seize ans, le plus vieux, dix-huit, la plupart étaient des filles (et les filles lisent plus que les garçons). Ils avaient tous leurs examens de base à seize ans, ils étudiaient la langue anglaise et la littérature, passaient un test à dix-huit ans pour aller à l'université et devenir professeurs d'anglais et aucun d'entre eux n'avait entendu parler de Steinbeck, Hemingway ou Capote. Ils avaient entendu parler de Tolkien mais ils pensaient qu'il avait écrit le scénario du film. Ils ne savaient pas que le film était tiré du livre. Les lectures obligatoires pour cette année étaient de lire le premier chapitre de *Tess d'Uberville*, de Thomas Hardy et le premier chapitre de *La couleur pourpre* d'Alice Walker.

De tous les étudiants, seuls dix-neuf sur cent cinq avaient lu un roman entier au cours de leur vie. Cela en dit long sur ce qui est arrivé au système éducatif anglais, et nous publions encore trente-cinq mille livres par an pour en recycler soixante-quinze pour cent. L'industrie britannique de l'impression sur papier ne peut pas fonctionner. On laisse partir les auteurs. Même moi j'ai dû consentir à une réduction significative en matière d'avances sur mes romans au Royaume-Uni. Parce qu'il n'y a tout simplement pas d'argent. Je connais des gens qui ont été édités en même temps que moi, qui ont publié deux ou trois livres et qui ne sont plus publiés du tout. C'est triste. Il faut juste que je trouve une façon de continuer à intéresser mes lecteurs donc je continue à écrire.

Vous voyagez beaucoup, vous voyez ce qui se passe dans d'autres pays. Est-ce que c'est comme ça uniquement en Angleterre ?

Cela arrive dans un grand nombre de pays de langue anglaise, notamment en Amérique. Le niveau de lecture requis pour comprendre les livres les plus populaires baisse chaque année. La France est une exception. Elle est une exception du point de vue culturel, créatif et académique. J'ai beaucoup voyagé dans différents endroits du monde et nulle part je n'ai trouvé une attitude proche de celle de la France envers l'art, la musique, le théâtre, le cinéma et la littérature. C'est une part fondamentale de la culture, si nécessaire que vous n'en parlez même plus. Son importance est acquise. L'attitude envers les écrivains au Royaume-Uni tend à faire croire que vous écrivez parce que vous êtes paresseux et que vous ne pouvez pas trouver un vrai travail. Et mon frère, qui est un gars très drôle, dit : « Si tu étais juste un peu plus intelligent, tu aurais obtenu un vrai travail et tu aurais pu être électricien ou plombier et faire quelque chose d'utile dans ta vie, quelque chose d'important, tu aurais pu aider les gens qui ont un problème de chauffage central. ». Et l'attitude envers les gens créatifs en France est unique au monde. Je le dis aux Français et ils me répondent que c'est leur culture, que ce n'est rien d'inhabituel. Je ne peux pas dîner avec quelqu'un en France sans parler de religion, de philosophie, d'éducation, de sexe ou d'art. Et si vous ne pouvez pas parler de ces choses, de quoi parler, alors ? De bière et de football ? Je ne pense pas. C'est la raison pour laquelle mon opinion personnelle et ma philosophie se retrouvent plus volontiers dans la sensibilité française que britannique. Parfois, j'ai l'impression d'avoir un corps anglais et une âme française, vraiment. Et je n'ai aucun doute qu'à un moment dans le futur, nous allons y vivre au moins une partie de l'année. Vicky ressent la même chose. Les Anglais me demandent pourquoi j'aime tant les Français et je leur réponds que c'est parce qu'ils ont deux fois plus de temps que tout le monde. Le même temps que le nôtre, plus celui qu'ils se gardent pour dîner, pour les amis, pour les conversations, pour le vin, pour une bonne dégustation, pour aller au théâtre, pour parler d'un film, pour discuter de tout cela, pour avoir un débat animé à propos de la rivalité entre Hollande et Sarkozy, mais avec une opinion définie.

Ce n'est pas la même chose ici ?

Non, ils parlent de politique mais fondée sur les opinions de leur père. La politique est un truc générationnel au Royaume-Uni. Vous votez pour les Conservateurs parce que c'est ce que votre famille vote. Vous votez pour les Travaillistes parce que c'est le vote de votre famille. Ou alors vous ne votez pas du tout. Vous ne changez pas le modèle des générations ou alors très rarement. Les gens sont figés sur certains modèles et ils n'en parlent pas. Les conversations que j'ai avec les Britanniques n'ont rien à voir, ni dans le fond, ni dans la forme, avec celles que j'ai avec les Français. Ils ont différentes philosophies mais la même attitude qui consiste à débattre.

La seconde attitude dans laquelle je me reconnais, c'est qu'ils regardent les choses à deux fois.

Ils regardent une première fois pour voir de quoi il s'agit, puis ils regardent à nouveau pour voir ce que c'est réellement et ensuite, ils se demandent pourquoi. C'est de la curiosité, un sens de l'engagement, de connexion avec les choses autour de vous, la sensation qu'il est important de savoir et de comprendre au point de pouvoir interpeler quelqu'un pour lui demander : « Que se passe-t-il ? Pourquoi fais-tu cela ? ». La meilleure façon et la plus simple de décrire la différence entre les Français et les Anglais est lorsque vous demandez à un Anglais : « Comment ça va ? », il répondra : « Très bien ». Si vous posez la même question à un Français, il répondra : « *C'est compliqué* ». Ceci veut tout dire. Parce que c'est compliqué et qu'il en parle, il réalise que ce n'est pas si compliqué. Mais c'est bien qu'il le pense parce que ça vous donne la sensation que c'est important, que ça a de la valeur et que vous devez en parler.

Une autre chose que j'ai notée à propos des Français est qu'ils n'ont pas l'air effrayé d'admettre qu'il y a des choses qu'on ne sait pas, des questions auxquelles on est sensible, des zones de vulnérabilité émotionnelle. C'est comme s'il y avait une entente tacite pour parler des choses et les partager car si on les comprend mieux on sera probablement plus heureux. C'est curieux pour quelqu'un d'une autre culture et je suis sûr que c'est différent à Strasbourg et à Montpellier. Evidemment, dans un pays si grand, car il est deux et demi à trois fois plus grand que le Royaume-Uni, il y a différentes caractéristiques régionales. Peut-être qu'en Alsace, les gens sont très sérieux et si vous dites que vous êtes émotif à propos de quelque chose, cela signifie que vous n'êtes pas un vrai homme, peut-être comme dans le nord de l'Angleterre, à Newcastle, dans le comté de Tyne and Wear.

Les caractéristiques régionales apparaîtront dans tous les pays mais, de façon générale, en tant qu'étranger venant en France, les gens sont intéressés par les livres, les groupes, la musique, mon activité sur Facebook, d'où vient l'essentiel de mon intérêt pour ce que je fais. Dans un rayon de cent kilomètres autour de Paris, les gens veulent savoir ce que je fais, pourquoi ils obtiennent mes romans dans une séquence différente par rapport au Royaume-Uni. Une femme m'a laissé huit messages dans la même journée disant : « Vous avez cinq mille amis, vous devez faire quelque chose parce que je n'en fais pas partie, vous devez réparer cela. ». Je pense que ce n'est pas mon rôle mais que c'est celui de Mark Zuckerberg mais c'est comme s'il y avait un enthousiasme à s'engager et à s'impliquer pour parler et discuter.

Il est également évident qu'on donne de l'importance aux personnalités. On accorde une importance à quelqu'un qui crée quelque chose, un artiste, un photographe, un musicien bien plus en France qu'au Royaume-Uni. C'est tangible, visiblement différent et fondé sur mon expérience des voyages en France.

Ne pensez-vous pas que c'est lié à votre personnalité ? A votre façon d'être ? La première fois que nous avons communiqué, c'était sur Facebook et nous vous avons demandé si vous vouliez venir à Mulhouse pour devenir

le parrain d'un nouveau festival et vous avez accepté. Peut-être êtes-vous plus ouvert que la moyenne des gens.

Je ne sais pas. J'ai été assis aux côtés d'autres auteurs anglais dans des festivals en France et les gens semblent tout aussi passionnés.

Ce n'est pas si facile de les faire venir au festival, c'est plus compliqué. Vous êtes anglais, vous vivez à Birmingham, loin de Mulhouse. Nous vous avons envoyé un mail : « Voulez-vous venir ? » - « Oui. ». Fin de l'histoire. Nous avons fait la même chose avec de nombreux écrivains français mais ils ne sont toujours pas là.

Eh bien, je suis prêt à venir, je veux venir. Mulhouse ne sonne même pas comme un mot français. Strasbourg sonne comme un mot allemand. Comment cela se fait-il ? Je veux le découvrir. Je veux rencontrer des nouvelles personnes. La vie, ce sont les gens. Si vous n'avez pas de temps pour les gens, vous n'avez pas de temps pour la vie. J'aime les gens, je les rencontre sans fin. Je trouve cela très difficile de ne pas aimer les gens. Je pense que l'être humain est génial, je pense qu'il est fascinant, extraordinaire, spécial. Romane[6] est l'une des personnes les plus intelligentes que je connaisse. Intelligence extraordinaire, difficile, maladroite, contradictoire. Je lui ai envoyé un mail et elle m'a répondu aussi longuement en disant : « Non, tu as tort, de quoi parles-tu ? Tu es juste un homme et tu es un vieil homme, que diable veux-tu savoir ? ». Et c'est vraiment excellent, un super point de vue, ni combatif, ni agressif, juste : « J'ai un point de vue et c'est ce que je pense. ». Je lui ai parlé et elle a réagi comme ça : « Oh, OK, maintenant je sais ce que tu penses. Tu aurais dû

---

[6] Romane Weill a réalisé la transcription écrite de l'interview. Elle est l'interprète de Roger Jon Ellory au Festival Sans Nom à Mulhouse.

mieux l'expliquer la première fois. On est d'accord. ». J'ai une amie pour la vie et je le sais.

Je ne veux pas arriver à la fin de ma vie et penser : « J'aurais dû faire ceci ou cela. ». Je ne veux jamais dire : « J'aurais aimé. ». Je fais des erreurs, croyez-moi, beaucoup. Vais-je changer quelque chose ? Pas vraiment, parce que je ne suis pas malheureux d'être qui je suis. Et ce que je suis est, directement ou indirectement, le résultat de mes expériences et des choses que j'ai apprises, des leçons que j'ai retenues et des choses que j'ai foirées. J'ai fait des choses vraiment stupides dans ma vie mais peut-être que c'était nécessaire pour que je puisse comprendre. J'ai passé un long moment, il y a un certain nombre d'années, à observer le succès de certaines personnes et à en être irrité. Je me demandais ce qui se passait alors. Comment une personne pouvait-elle écrire un livre et en vendre cinq cent mille exemplaires, en avoir une adaptation au cinéma ? J'avais écrit de bonnes histoires qui pouvaient devenir des films. Et je suis tombé sur une ligne d'un philosophe indien du XXe siècle, Jiddu Krishnamurti. Je ne connais pas grand-chose de lui, il semble être un type vraiment bien, d'orientation bouddhiste et j'ai lu cette citation quelque part dans un magazine où il disait : « Une vie de comparaison est une vie de misère. ». Ça a été comme un choc dans ma tête. Je passais mon temps à me comparer aux autres, j'étais malheureux et il fallait que je cesse de le faire. Et je l'ai fait. Je le fais encore de temps en temps mais beaucoup moins qu'avant.

Prenons un bon exemple : Robin Williams ! Immensément talentueux, immensément primé, il s'est suicidé. Pourquoi ? Que s'est-il passé ? On ne sait pas ce qu'il se passe dans la vie des gens. On ne voit que ce qui est présent en surface. Ce qu'il se passe réellement, on n'en a absolument aucune idée. Nous avons juste la responsabilité de faire du mieux que nous pouvons, quoi que nous fassions. Quelle est notre mission dans la vie ? Etre aussi heureux que possible. Comment le pouvons-nous ? Eh bien, peut-être que la seule vérité est qu'une personne peut être heureuse si elle ne passe pas son temps à essayer de rendre les autres heureux. Peut-être que la source du bonheur est tout ce que vous faites pour rendre les autres heureux. Etes-vous une personne qui préfère offrir des cadeaux plutôt qu'en recevoir ? Je préfère donner des cadeaux aux autres plutôt qu'en recevoir. Parfois je fais des choses folles. J'ai dépensé cinq mille trois cents euros l'année dernière pour envoyer des livres à des personnes qui ne peuvent les acheter, à mes propres frais. Pas seulement mes livres, mais *des* livres. Je connais une romancière à Londres, Johana Gustawsson, une Française mariée à un Suédois. Elle m'a recommandé un livre de Jean Cocteau intitulé *La difficulté d'être*, qui semble être un livre connu. Et pour Noël, j'ai trouvé une première édition de 1947 en version poche et je lui ai envoyée. Elle en a été émue aux larmes.

Le livre m'a coûté onze euros et ça n'a pas été difficile du tout de le trouver, de l'acheter ou de le lui envoyer. Mais elle n'avait pas de copie, elle me l'avait recommandé car elle l'avait lu étant enfant et l'avait aimé. Parfois je fais certaines choses parce que je sais que ça va étonner quelqu'un. Pas parce que j'ai le sentiment de faire quelque chose de particulier mais ça me rend heureux de rendre d'autres personnes heureuses.

Je pense que la majorité d'entre nous est comme ça. Il me semble que les personnes dangereuses pour la société représentent un faible pourcentage. Je pense que les gens sont fondamentalement bons. Ils veulent être heureux et en bonne santé. Ils veulent leur propre succès et voir le succès des autres. Les journaux et la télévision aimeraient nous faire croire qu'il y a des meurtriers, des kidnappeurs d'enfants et des violeurs se cachant à chaque coin de rue, mais ce n'est pas vrai. Pourquoi ils font cela, c'est une autre histoire. Il y a une raison pour cela et elle n'est pas très bonne. Il vous suffit de voir un enfant perdu dans un supermarché, bouleversé et en larmes, qui ne retrouve pas ses parents et de voir combien de personnes veulent l'aider. Voyez lorsqu'une personne âgée tombe dans la rue combien de personnes se précipitent pour proposer leur assistance. Vous savez que l'être humain est globalement bon, quatre-vingt-quinze pour cent des Hommes le sont.

Je pense que nous essayons tous d'atteindre la même chose, nous essayons tous de survivre et d'être heureux du mieux possible et il s'agit de la qualité de vie. La qualité de vie n'est pas jugée en fonction de votre compte bancaire ou de la taille de votre voiture. La qualité de vie est probablement mesurée par le nombre de personnes présentes à vos funérailles.

Mais vous ne pouvez pas le savoir.

Ça dépend de votre point de vue. Si vous êtes réellement une âme, si vous êtes réellement un esprit, alors il y a toujours une possibilité de flotter au plafond, juste pour vérifier combien de personnes assistent à vos putains de funérailles. Et s'il y a des personnes que vous avez vraiment aidées au cours de votre vie et qui ne viennent pas à vos funérailles, dans ce cas vous pouvez les hanter ! Pour moi, c'est comme quelqu'un qui dit : « Peux-tu m'aider ? » et je lui réponds : « Oui, que veux-tu ? ». En fait, je dis oui avant de savoir de quoi il s'agit. Vous m'avez parlé de ce nouveau festival dans cette ville d'Alsace et j'ai pensé que c'était une merveilleuse chose à faire. Bien sûr j'allais vous aider. Puis-je emmener mon épouse ? Elle peut venir aussi car elle sait très bien se faire des nouveaux amis et nous pouvons tirer bénéfice de cette capacité. Je pense qu'il s'agit juste d'attitude. C'est la mienne et celle de Ian Manook. Maud Mayeras a la même.

Dans le polar, les auteurs ont cette attitude. Ian Manook, c'est parce qu'il vient juste de démarrer comme écrivain. C'est tellement nouveau pour lui. Il a une vie incroyable donc c'est juste du bonus pour lui et ça lui plaît. En France, les auteurs sont souvent des gens contents d'eux-mêmes et être un écrivain en France est quelque chose de très valorisant.

Au Royaume-Uni, ce n'est pas le cas. Cela a peu d'importance. Si vous dites à quelqu'un que vous êtes écrivain, il va vous demander : « Etes-vous publié ? » - « Oui. » - « Est-ce que vous gagnez de l'argent de cette manière ? » - « Suffisamment, oui. » - « OK. Avez-vous vu le match samedi ? ».

Je pense vraiment que vous allez trouver une petite clique d'écrivains qui cultivent beaucoup d'autosatisfaction mais ils sont du genre à dire les mêmes choses et à s'adresser toujours aux mêmes personnes. Ils ne font pas vraiment d'efforts pour faire ce qui devrait être fait dans le domaine de la littérature, à savoir faire lire plus de gens, parler de livres en comprenant que si nous ne résolvons pas le problème de l'éducation d'une façon ou d'une autre, nous allons finir sans culture d'ici vingt ans. A ce moment-là, les gens seront ignorants sans comprendre d'où ça vient. Churchill disait qu'« un peuple qui oublie son passé se condamne à le revivre ».

Nous avons observé dans notre culture que les gens qui lisent communiquent mieux. Ils ont un meilleur vocabulaire, ils ont une opinion, ils comprennent et savent des choses, ils sont plus tolérants et ont moins de préjugés. Et pourtant, petit à petit, nous approchons d'une génération qui ne lit même pas de bandes dessinées. C'est une tragédie, particulièrement quand il s'agit de la langue anglaise qui est l'une des plus anciennes et des plus importantes langues dans le monde et l'une des plus parlées. Je pense qu'il existe plus de livres en anglais que dans toute autre langue. Quand un livre est traduit de l'anglais vers une autre langue, en général il est plus long de trente pour cent parce qu'il y a besoin de plus de verbes et d'adjectifs pour gérer le vocabulaire anglais.

Disons qu'en France les écrivains ont une haute opinion d'eux-mêmes, même s'ils vendent peu de livres. Ils disent : « Je suis le meilleur auteur mais je ne vends pas de livres, je suis incompris, j'ai du talent mais personne ne le voit. ». C'est la raison pour

laquelle nous disions que vous faites l'effort de parler avec les gens, de venir en France et c'est la grande différence. Vous disiez que les gens sont agréables mais ils le sont parce que vous l'êtes. C'est peut-être lié à votre attitude.

Eh bien, je suis le même en Amérique, je suis le même à Oslo, en Turquie, je suis le même partout où je vais parce que je suis qui je suis. Je n'affiche pas un visage différent pour les Français, j'affiche juste celui que j'ai. Je trouve qu'il est terriblement plus facile de se faire des amis que des ennemis. Je pense qu'il faut travailler dur pour se faire des ennemis mais on n'a pas besoin de travailler dur du tout pour se faire des amis. Ou pour les garder, mais ça c'est juste moi.

J'avais l'habitude d'être préoccupé par l'échec et de ne pas réussir. Maintenant, mon attitude est différente. Si je me trouve dans une situation qui ne me permet plus d'être publié en Angleterre du fait de la disparition de l'industrie du livre, si Sonatine accepte de traduire en français mes livres qui n'ont pas été publiés en Angleterre, alors je publierai juste en France. Mais pendant ce temps, je trouverai d'autres voies pour exprimer ce que je souhaite exprimer, que ce soit à travers la musique, le cinéma, la photo, la bande dessinée ou je ne sais quoi. La représentation en public, c'est ce que j'ai besoin de faire pour m'exprimer et qu'on m'écoute ! Il y a un degré de − « narcissisme » n'est pas le bon mot − mais c'est agréable de sentir les gens se préoccuper de ce que vous avez à dire. Je vais parfois dans mon bureau et je me sens épuisé, je regarde le mur où se trouvent tous les livres. Je pense qu'il y en a plus de deux cents et je ne sais pas combien j'en ai vendus dans le monde mais voici mon point de vue : tout livre, même s'il est mauvais, sera toujours le meilleur livre du monde pour quelqu'un. Donc, si seulement trois personnes dans le monde pensent que l'un de mes livres est le meilleur qu'elles aient jamais lu, ça me va.

Il y a quelques années, alors que je marchais dans l'aéroport de Montréal, j'ai vu un individu assis à la table d'un café, en train de lire *Les anonymes*. Je n'ai jamais fait ceci avant mais je suis allé m'asseoir en face de lui. Il a levé les yeux et je lui ai demandé comment était le livre. Il m'a répondu « bien » et je lui ai demandé s'il voulait que je le lui dédicace. Il m'a répondu : « Pourquoi voulez-vous me le dédicacer ? » et je lui ai dit que j'en étais l'auteur. Il m'a dit : « Non ce n'est pas vrai ». Alors je lui ai montré mon passeport. C'était un pianiste parisien, qui faisait une tournée avec son groupe au Canada avec une chanteuse de jazz. Nous avons échangé nos adresses, il m'a envoyé son album, je lui ai envoyé le mien et nous sommes restés en contact. Il est génial. Il va sortir un nouveau disque et je vais le recevoir par la poste. Je vais me réveiller un matin et il y aura un nouveau CD de Vincent. Et ceci juste parce que je suis allé saluer quelqu'un à Montréal. C'est ainsi dans le monde entier.

L'anniversaire des gens est affiché sur Facebook et je leur envoie un message disant ceci : « Hey, passez une super journée, ça fait trop longtemps que nous ne nous sommes pas vus ! ». Je suis étonné du nombre de personnes que je connais et du nombre de personnes qui se souviennent de moi. Je pense que c'est spécial et vraiment important. J'aime ça parce que ça me donne l'impression d'être connecté au reste du monde.

J'étais à Istanbul, comme représentant du Royaume-Uni pour un parlement des auteurs. Nous étions là-bas pour faire du lobbying auprès du gouvernement turc pour obtenir la libération de prison de certains auteurs turcs, emprisonnés pour avoir dit des choses en désaccord avec leur gouvernement. Vikram Seth[7] y était, j'ai découvert que nous avions la même date d'anniversaire et nous sommes devenus les meilleurs des amis. Nous avons assisté ensemble à ces conférences tout au long de la semaine et il a dessiné un portrait de moi parce qu'il est un artiste très doué. Grâce à cette belle image, vraiment simple, il a capturé ma façon d'être à ce moment-là. Je l'ai toujours et je pense à lui régulièrement.

---

[7] Poète et écrivain indien d'expression anglaise né en 1952.

Nous étions à Dubaï pour son festival littéraire. Nous sommes allés à l'école indienne et avons fait une présentation devant trois mille cinq cents étudiants dans un stade. Vicky et moi nous sentions tout petits dans cet immense endroit. Ils se sont excusés parce que seulement la moitié des étudiants étaient là, car le trimestre venait de se terminer et ils étaient rentrés chez eux. Lorsque j'étais sur scène avec un micro pour cette présentation, le professeur d'art a fait un dessin de moi et me l'a dédicacé. C'était un grand moment. J'ai été photographié avec de nombreuses personnes. Il y a des moments importants dans votre vie où vous laissez votre empreinte et où des gens laissent leur empreinte en vous.

Nous avons un professeur de français et elle a lu *Seul le silence*. Vicky lui a demandé : « Pourquoi pensez-vous que les livres de Roger ont plus de succès en France qu'ailleurs dans le monde ? ». Elle a répondu : « D'après mon expérience de lectrice en France, nous sommes plus intéressés par le mental, les émotions et le voyage spirituel du personnage que par le début et la fin. Nous voulons savoir comment les choses arrivent et pourquoi elles arrivent. ».

La Scientologie

Voulez-vous parler de votre implication dans la Scientologie ?

Si vous voulez, ce sera très court.

Pourquoi avez-vous rencontré les scientologues ?

A cause de la drogue ! Mon frère a failli mourir en 1986 à cause de la drogue. Et il a effectué le programme scientologue de désintoxication. C'est un programme de purification qui a sauvé sa vie. J'ai fait la même chose et ça a sauvé la mienne. Si je ne l'avais pas fait, j'aurais continué à me droguer, je serais resté en prison et je serais mort. Je sais cela parce que je ne suis pas quelqu'un qui fait les choses à moitié. Si je fais quelque chose, je le fais à fond. Donc j'aurais continué à prendre de la drogue. J'en aurais pris de plus en plus. J'aurais probablement pris de la cocaïne pour finir avec l'héroïne et je pense que je serais mort. Je n'aurais certainement pas écrit de livres parce que quand on prend de la drogue toute la journée, on tend à ne rien faire du tout. J'ai effectué le programme de purification, que j'ai très bien réussi et je n'ai plus rien pris depuis.

Pour moi, ça a été une découverte. J'ai toujours été intéressé par la philosophie et la religion, de trouver ce que l'être humain était, si un Homme était un être spirituel ou juste un être physique comme un animal intelligent. Dans la Scientologie, j'ai découvert une vision de la vie qui était l'addition, la corrélation de différentes idées et théories de plus de dix mille ans de pensée humaine.

La Scientologie n'est pas compliquée. La Scientologie n'est pas controversée. Ce n'est pas un culte ou une secte ou quoi que ce soit d'autre. La Scientologie est une philosophie religieuse appliquée. Le mot *appliquée* signifie que vous pouvez l'utiliser. Le mot *religion* signifie *un ensemble d'idées ou de croyances*. Le mot qui vient derrière détermine le genre d'idée dont nous parlons. La religion catholique, la religion bouddhiste, etc. Le mot *philosophie* signifie *elle possède une technologie*, vous pouvez en faire quelque chose.

Quelles sont les croyances de la Scientologie ? Nous croyons que l'Homme est fondamentalement bon, qu'il peut s'améliorer, qu'on peut comprendre l'esprit, qu'on peut remédier à des troubles mentaux et émotionnels sans traitement à base d'électrochocs ou l'utilisation de médicaments lourds. Nous croyons que l'Homme a droit à sa propre liberté, que la Déclaration universelle des droits de l'Homme s'applique à tout le monde, que les gens devraient être libres d'étudier leur propre religion, qu'ils devraient être libres d'aimer les gens qu'ils veulent, qu'ils devraient être libres de trouver la voie pour être heureux et poursuivre ces buts et objectifs par eux-mêmes. La Scientologie est une façon simple de mieux se comprendre soi-même pour pouvoir faire plus ce qu'on veut dans la vie et avoir plus de ce que l'on veut.

Il y a deux choses que nous avons entendues au sujet de la Scientologie. La première chose est Ron Hubbard et ses livres avec les extra-terrestres et la seconde chose est que si vous êtes adepte de la Scientologie, vous devez donner tout votre argent. Est-ce vrai ?

Non. Je suis directement impliqué dans la Scientologie depuis trente ans. Je n'ai rien lu à propos d'extra-terrestres.

Pas même dans le livre de Ron Hubbard ?

Non. Je ne sais pas d'où ça vient, honnêtement. Hubbard était un romancier à succès. Il a écrit dans une douzaine de genres différents. Il a écrit des romances, des westerns, des romans de science-fiction et ce genre de choses. D'où vient ce genre d'affirmation ? Honnêtement, je ne sais pas mais je n'ai jamais rien lu à ce sujet.

La seconde chose, cette idée que si vous êtes un Scientologue, vous devez donner tout votre argent pour l'Eglise, je l'ai entendue et ça me fait rire. Vous pouvez suivre un cours pour vingt-cinq euros. Les personnes qui veulent des cours plus avancés ou plus longs, c'est leur choix. Vous ne devez pas payer un dû, vous ne devez donner d'argent à personne. Le but entier de la Scientologie est de rétablir le pouvoir de choisir et l'autodétermination de chaque individu. La seule chose à laquelle la Scientologie est opposée, probablement plus que toute autre chose, c'est de forcer des personnes à faire des choses qu'elles ne veulent pas.

Donc ces idées sont en contradiction complète avec les principes de la Scientologie et c'est basé sur trente années d'expérience personnelle, pas sur quelque chose que j'ai lu, pas sur ce que quelqu'un m'a dit.

Mon mariage est heureux, j'ai un fils adulte qui se porte très bien dans sa vie, j'ai une belle maison, j'exerce mes propres activités, j'écris des livres, je suis un musicien, je suis intéressé par de nombreuses choses de la vie, j'ai beaucoup d'amis et la plupart d'entre eux n'ont rien à voir avec la Scientologie. Ce n'est pas une chose dont vous faites partie et qui exclut toutes les autres personnes. Ce n'est pas une organisation spéciale. Ce que j'ai lu dans les journaux c'est du genre : « D'où cela vient-il ? Qui a inventé cette idée ? Puisqu'il s'agit d'idées inventées, elles ne sont pas réelles. ». Voici la simplicité des faits : j'ai appliqué le programme de purification, j'ai sauvé ma vie. En ayant étudié dans le cadre de la Scientologie, je sais comment travailler, je pratique l'autodiscipline, je sais ce qui me rend heureux, je connais mes objectifs et mes buts dans la vie, je comprends l'importance de la famille, je n'ai pas de préjugés, je suis tolérant envers les autres. Je pense que la gentillesse, la générosité, se faire des amis et ne pas se faire d'ennemis sont des choses vraiment importantes pour la qualité de votre vie. Il s'agit de notions humaines de base. Aucune n'est influencée par d'autres personnes. Ce sont mes propres choix et mes idées déterminées personnellement. J'entends et je lis des choses concernant la

Scientologie et je me dis : « OK, je ne sais pas d'où ça vient, mais pour moi c'est complètement faux ».

Habituellement, dans la religion, on vous demande de croire en Dieu. Qu'en est-il dans la Scientologie ?

Il n'y a pas de foi. Ce n'est pas un système de croyances. Vous pouvez être scientologue et bouddhiste, ou catholique, ou chrétien, vous pouvez poursuivre vos propres croyances religieuses. La Scientologie est une philosophie, elle est une méthode et non la manifestation d'une foi. Nous ne prions pas, nous ne chantons pas d'hymne, rien de tout cela. Nous n'adorons pas une icône ou une figure de proue en laquelle nous croyons.

Certaines personnes me disaient avoir lu un livre de Scientologie et découvert qu'il s'agissait de bon sens commun, mais de bon sens commun auquel elles n'avaient pas pensé avant. C'est la simple idée du bon fonctionnement de la vie. Comment s'entendre avec votre famille, comment communiquer, l'importance du dialogue pour surmonter les difficultés du couple et les conflits familiaux, souvent fondés sur des difficultés de communication et comment surmonter ces dernières.

Nous parlons du simple blocage dans les relations interpersonnelles et d'une meilleure compréhension de soi et des autres. Cela signifie que vous ne devez pas passer votre vie à combattre, argumenter, être en désaccord ou en conflit, en opposition avec vos voisins, en difficulté avec votre patron, vous demander comment vous pouvez gagner plus d'argent et toutes ces choses que nous expérimentons chaque jour en tant qu'être humain. Il y a des lois de base, des idées de base, certains points de vue philosophiques de base, auxquels nous sommes arrivés au cours de dix mille années d'expérience de l'Homme, qui permettent de répondre à toutes ces questions. Tout ce que Hubbard a fait, c'est passer sa vie à étudier de nombreux sujets différents, de nombreuses idées différentes. Il a voyagé en Asie, il a étudié les sciences physiques, la physique nucléaire, la médecine et il a observé ce qui fonctionne, ce qui permet d'améliorer les choses. Il a reconnu René Descartes, Voltaire, Alfred Adler, John Dewey, Herbert Spencer, Claude Galien, de grands penseurs, de grands hommes de médecine, des philosophes et de grands leaders religieux. Il a reconnu ces personnes et a précisé que la Scientologie n'est pas un monopole de la sagesse, la sagesse est partout et pour tout le monde.

La Scientologie est simplement la consolidation et la collection de vérités provenant de différents lieux, de différentes sources, compilées et testées par des vraies personnes dans la vraie vie pour comprendre les conditions du changement.

Un gars accepte un nouvel emploi. Il a des difficultés. Il ne sait pas comment se rapprocher des autres. Comment doit-il gérer cette situation ? Il manque de confiance, il souhaite développer une meilleure capacité à communiquer avec les autres. Un autre ne parvient pas à avoir une petite amie. Il est timide et préfère se résigner. Vous pouvez aller à la Scientologie et prendre des cours de communication, apprendre les bases pour améliorer votre confiance en vous et oser adresser la parole à une femme. Et si c'est la seule chose que vous faites en Scientologie et que ça améliore votre qualité de vie, que vous avez rencontré votre petite amie et que vous êtes heureux, alors vous n'aurez jamais besoin de faire autre chose en Scientologie, sauf si vous le souhaitez. Il n'est pas nécessaire de continuer à étudier quoi que ce soit en Scientologie au-delà des besoins que vous ressentez pour améliorer votre vie. C'est tout. Ce n'est pas un système qui prône la foi, il n'y a pas d'attentes financières, il n'y a pas d'engagement à vie, vous ne promettez rien, vous n'avez rien à signer, il n'y a pas d'ordre religieux, aucune de ces idées folles que nous lisons parfois dans les journaux ou que nous entendons à la télévision.

Il est vrai que là où il y a la plus grande controverse, il y a aussi la moindre compréhension. En règle générale, d'après mon expérience, les personnes qui ont les pires points de vue sur la Scientologie sont ceux qui l'ont le moins expérimentée.

Parfois, on peut voir à la télévision des personnes qui ont été adeptes de la Scientologie pendant une longue période et, à cause de cela, elles ne peuvent pas la quitter, parce qu'on les en empêche. Le jour où elles peuvent la quitter, elles commencent à parler et elles disent qu'elles ne sont pas libres dans la Scientologie, qu'elles doivent s'engager au quotidien. Pourquoi cela ?

Je ne sais pas pourquoi ces personnes disent cela. Je ne sais pas ce qu'elles ont expérimenté personnellement. Je ne sais pas si elles ont été embauchées ou payées pour dire des choses aussi critiques ou agir de manière aussi agressive. Je sais qu'il y a des personnes qui ne sont plus catholiques, ou plus chrétiennes ou témoins de Jéhovah. Il y a des organisations religieuses dans le monde entier ou des associations que les gens choisissent de quitter. Tout ce que je peux dire, c'est que l'une des raisons d'être fondamentales de la Scientologie est de restaurer le pouvoir de choisir, de s'autodéterminer en tant qu'individu, de lui accorder le droit de vivre sa propre vie et de faire ce qu'il pense bon pour être heureux. La Scientologie n'a pas d'attente quant à votre façon de vivre. Pendant des années, je n'ai pris aucun cours. J'en ai à nouveau suivi certains récemment. Pendant la période où je n'en ai pas suivi, il n'y avait aucune pression, aucune attente. Personne ne m'appelait pour me demander ce qu'il se passait. J'ai choisi de faire ce que je voulais faire. Puis je n'ai rien fait pendant un moment. C'est la relation que j'ai entretenue et c'est celle que mes amis et associés ont avec ce groupe.

En trente ans, je n'ai jamais rien expérimenté en Scientologie, venant du groupe lui-même, des gens qui la gèrent ou des individus qui la composent qui fut négatif, préjudiciable, dommageable ou problématique. Je ne connais pas les gens qui la critiquent, je ne connais pas leurs expériences mais je pense qu'il s'agit d'une minorité et je ne sais pas ce qu'ils cherchent en disant ces choses. Peut-être ont-ils raison, peut-être pas. La seule chose que je puisse commenter est ma propre expérience, celle de mes amis ou des gens que je connais, ou celle de mon épouse depuis trente ans.

Mon frère est heureux, en bonne santé. Il dirige sa propre entreprise. Il a élevé deux adolescents heureux et sains. Son mariage est réussi et c'est un gars formidable. Il est indéniable que s'il n'avait pas suivi le programme de purification en 1986, développé par Ron Hubbard, je n'aurais pas de frère, je n'aurais pas de beau-frère, je n'aurais ni nièces ni neveux. C'est un fait. Je pense aussi que je ne serais plus en vie. Mais ma vie ressemblait à la citation de William Blake[8] : « Le chemin de l'excès mène au palais de la Sagesse. ». L'idée est de faire chaque chose autant que vous le pouvez. Vous buvez autant que vous pouvez, vous prenez autant de drogues que vous pouvez, vous conduisez la voiture aussi vite que vous pouvez. C'était comme une obsession d'autodestruction. C'est le genre de personne que j'étais.

Maintenant mes obsessions sont constructives et j'ai une raison de me lever le matin. Je suis heureux, je travaille dur, je suis discipliné et je fais des choses. Je suis heureux de les faire et je ne me fais pas d'ennemis, mais des amis, et il me semble que les gens m'aiment. Je n'ai pas pour mission de parler de la Scientologie. La plupart des personnes avec qui je travaille ignorent que je suis scientologue et c'est sans importance car ce n'est pas le but. C'est pour soi. Et de temps en temps, quand je vois quelqu'un qui éprouve des difficultés dans la vie, je vais le voir en lui donnant un conseil qui pourrait l'aider. Je lui explique et il s'en va en disant qu'il l'appliquera. Lorsqu'il revient et me dit que la situation est bien meilleure, je lui demande s'il sait d'où vient cette idée. Il me répond que non. Je lui dis qu'elle vient de la Scientologie. C'est alors qu'il me dit : « Sérieusement ? Eh bien il s'agissait d'un conseil de bon sens mais je n'y avais pas pensé. ». C'est cela, la Scientologie. Il n'y a pas plus de contentieux ou de controverse que cela. C'est une chose qui fait partie de ma vie depuis trente ans.

---

[8] Poète britannique (1757 – 1827).

Ce n'est pas quelque chose que j'ai besoin de cacher ou dont je dois avoir honte, parce que je n'ai aucun problème avec elle et que les personnes qui me connaissent et qui m'aiment sont pleinement conscientes de mon intérêt pour l'humain, l'esprit, la philosophie, la religion. Ces thèmes me fascinent. En réalité, c'est une partie des choses au sujet desquelles j'écris et elles sont basées sur mon expérience et mes propres découvertes. En clair, la Scientologie est un ensemble d'idées qui possèdent une méthode que vous pouvez utiliser pour améliorer les conditions de votre vie. Vous pouvez l'utiliser autant ou aussi peu que vous le voulez. Il n'y a aucune attente, aucune demande de payer quoi que ce soit et elle est uniquement consacrée à restaurer le pouvoir de choisir et l'autodétermination pour chaque individu. De cette façon, il peut mieux gérer sa propre vie, il peut mieux communiquer avec succès dans la direction qu'il souhaite et pas dans la voie que quelqu'un d'autre lui dicterait. C'est tout ce qu'on peut en dire.

Pensez-vous que votre bien-être, le fait que vous aimiez l'être humain et que vous aimiez donner du plaisir aux autres est dû à la Scientologie ou que c'est simplement votre personnalité ?

Je pense que c'est dû au fait que, dans la Scientologie et beaucoup d'autres études que j'ai faites dans ma vie, comme les bouddhistes, Freud, Jean Cocteau, Voltaire, j'ai appris et lu tout le temps. Ma compréhension de la vie, de moi-même et de toutes les autres personnes est un résultat de tout cela. Hubbard a dit une chose très intéressante que j'aime beaucoup : « Personne ne parvient jamais à la fin de sa vie en pensant à tous ceux avec qui il aurait dû être plus méchant mais seulement ceux avec lesquels il aurait dû être plus gentil. ».
Je pense que la gentillesse, la tolérance, la patience, la compassion, l'humanité, le pardon, l'acceptation sont les qualités les plus importantes pour un être humain. Je sens que les

préjugés, la négativité, le pessimisme, l'ignorance ne sont pas un état naturel et sont à combattre. J'espère que le résultat de ma vie, de mes expériences personnelles avec les autres, sera que les gens liront plus de livres. Je ne suis pas inquiet de ce que les autres pensent de moi, je ne me sens pas menacé. Les gens m'aiment ou pas et ça me va. Il existe des personnes que je n'aime pas trop, peu, mais il y en a. Je pense que si tout le monde était un peu plus patient et compréhensif, un peu plus gentil, un peu plus indulgent et traitait les autres comme il souhaiterait être traité, la planète sur laquelle nous vivons serait un environnement bien plus agréable. Je pense que les gens devraient être plus honnêtes sur la façon dont ils se sentent.

Nous parlions de la différence entre les Français et les Anglais. Je pense que les Français sont plus ouverts et qu'il est plus facile de communiquer avec eux. Comme je le disais, si vous demandez à un Français de parler de sa vie personnelle, surtout du point de vue relationnel, il commence par dire « *c'est compliqué* »[9]. Ça ressemble à un cliché mais ça me parle. Ça signifie que vous réfléchissez, que vous avez des questions, que vous voulez savoir et trouver, qu'il est important de mieux comprendre ce qu'il se passe et comment vous faites cela. Vous parlez aux autres. Vous vous écoutez vous-mêmes. Vous écoutez les idées des autres. Vous n'êtes pas d'accord, vous discutez, vous trouvez un point d'accord, vous faites des compromis. Vous prenez un peu, vous donnez un peu. C'est ce qui fait qu'une relation fonctionne.

Mon bien-être personnel, mon bonheur est le résultat de tous les efforts que j'ai faits pour me comprendre et comprendre les autres. Je pense que nous sommes complémentaires. Mes expériences avec vous m'ont changé. Mon amitié avec votre fille Romane. Elle discute avec moi. Elle a changé mon point de vue concernant certaines choses et ceci arrive avec de nombreuses personnes. Pourquoi ? Parce que je suis intéressé, parce que j'écoute et que j'ai une opinion. Et parfois il en faut beaucoup pour changer mon opinion. Mais je veux qu'elle puisse être

---

[9] En français dans le texte.

changée. Je n'ai pas d'idées fixes. Je ne pense pas être intolérant, avoir des préjugés, être négatif ou pessimiste. Je pense que j'aimerais changer certaines choses. Je crois que certaines choses à mon sujet posent des problèmes à d'autres personnes, mais pour celles que j'aime et celles dont je me soucie, j'essaie d'être le meilleur père, le meilleur époux, le meilleur ami, le meilleur collègue de travail possible. Et je pense que j'attends également la même chose des autres.

Lorsque je serai à la fin de ma vie, je veux pouvoir dire avec honnêteté : « J'ai travaillé autant que j'ai pu sur les choses que je pensais importantes, j'ai été le meilleur ami que je pouvais être, le meilleur père, le meilleur époux. J'ai commis de nombreuses erreurs mais je n'avais pas peur de les reconnaître, de présenter mes excuses, d'essayer de les corriger, d'essayer de réparer les dégâts. J'espère que ma présence ici au cours de ces années a contribué au bonheur des autres. ». Ceci n'est pas un point de vue scientologue. C'est le mien. Je suis moi-même. Mon point de vue sur la vie est définitivement le résultat de toutes les choses que j'ai lues, que j'ai étudiées et la Scientologie est juste l'une d'entre elles, importante, mais l'une d'entre elles. On peut essayer de compliquer les choses mais on n'en a pas besoin. C'est aussi simple que cela. Et lorsque j'en parle avec des personnes, elles disent avoir à peu près le même point de vue sur la vie et les gens. Eh bien nous sommes tous les mêmes.

On peut avoir le même point de vue sans être scientologue.

Il y a eu des problèmes que mon épouse et moi avons eus avec notre fils, à l'école ou ailleurs. Nous nous sommes assis avec lui et lui avons dit : « Voici ce que nous pensons. ». Il a répondu : « Je ne suis pas d'accord. ». Et nous lui avons dit : « OK, fais comme tu le penses. ». Lorsqu'il l'a fait et que ça a fonctionné, c'était génial ! Mais si ça ne fonctionnait pas, nous lui suggérions : « Essaie d'une autre façon. ». Il essayait et nous rapportait : « Eh bien, ça fonctionne un peu mieux. ». Alors, c'était sa propre idée, pas une idée appartenant à quelqu'un d'autre. Il n'existe pas un monopole de la connaissance. On ne possède pas une connaissance pour soi-même. Avoir la connaissance et la compréhension de la vie, quelle que soit la compréhension, doit servir à améliorer celle des autres. Je pourrais essayer de compliquer les choses, mais ce n'est pas plus compliqué que cela.

Philosophie de vie

Vous disiez que si on posait la question à un Anglais et à un Français, ce dernier répondrait que « c'est compliqué ». Que dirait un Anglais ?

D'après mon expérience, les Anglais ne parlent pas de leurs états d'âmes, surtout les hommes. Je pense qu'il existe une sensibilité différente. Nous avons des caractéristiques nationales en tant qu'individus. Il y a ce cliché du flegme britannique qui signifie que tout va bien. Même quand un désastre se produit, vous n'en parlez pas, vous ne créez pas de problèmes, vous restez calme et vous continuez. Les Anglais sont très conservateurs, n'ont pas un franc-parler, ne sont pas particulièrement expressifs. Evidemment, tout le monde n'est pas pareil. Chaque personne est unique mais en tant que caractéristique nationale, peut-être moins maintenant mais dans les décennies précédentes, c'était comme ça et parler de ses émotions, c'était pour les jeunes femmes.

Je le dis avec humour et il en est de même pour les Français. Nous ne parlons pas d'une caractéristique nationale qui s'applique à tout le monde. Ils ne souhaitent pas tous parler de toutes leurs émotions en détail, mais c'est mon expérience des gens que je connais en France et j'en connais beaucoup. Comme je le disais précédemment, je ne peux pas dîner avec des amis ou des gens que je viens juste de rencontrer sans discuter de sexe, d'argent, de politique, de drogue, de religion, de philosophie, d'éducation, de Hollande, Sarkozy et Le Pen. J'ai également ce genre de conversations avec mon frère parce qu'il lit tout le temps et a des points de vue sur tous les sujets. Mais en règle générale, les conversations les plus intéressantes, les débats les plus passionnants et les discussions les plus complexes, je les ai en France, avec des personnes que je ne connais pas forcément très bien. Beaucoup plus qu'avec les personnes que je connais en Angleterre. En France, un dîner dure deux heures. On débouche une bouteille de vin et on parle.

Je suis la personne que je suis, je joue de la guitare tous les jours, parfois trop fort et ça énerve les voisins, j'écris des livres violents, j'écris sur des sujet sombres et des personnages complètement déglingués. J'aime le vin, je suis en train de lancer une entreprise d'importation de vins d'Europe de l'Est vers le Royaume-Uni, du vin que les Britanniques n'ont jamais connu auparavant. Je ne suis pas un saint ou un être humain parfait, je n'ai pas toujours raison, je commets parfois des erreurs mais je fais toujours de mon mieux pour essayer de les réparer et j'en reconnais toujours la responsabilité. Je ne veux pas vivre ma vie selon certains préceptes. Il n'y a pas un code de conduite auquel je dois obéir. Je crois que je suis libre de vivre ma propre vie et je choisis ce qui me semble important : la famille, les amis, la qualité de vie, travailler dur, être créatif, aider les autres, être bon et généreux. Je pense que si vous voulez être heureux, vous devez passer l'essentiel de votre temps à rendre les autres heureux. Et si vous faites cela, de quelque manière que ce soit, alors vous avez une chance de l'être. Si vous passez votre vie à critiquer les autres, à être négatif à trouver des sujets de discorde, je ne pense pas que vous trouverez beaucoup de bonheur.

La plupart des problèmes de la vie peut être résolus grâce à vingt secondes de courage. Peut-être que la Scientologie n'est rien d'autre qu'une meilleure façon de se comprendre soi-même et de nous donner une façon de trouver vingt secondes de courage. Mais mon point de vue est le résultat de cinquante années de réflexion, pas de cinquante années de recherche de réponses. La vie est pleine de réponses, les gens sont pleins de réponses. Je pourrais lire un article de magazine féminin dans la salle d'attente du dentiste et comprendre une chose que je n'aurais jamais comprise auparavant et penser que ça a du sens, que c'est applicable pour moi. Je vous ai parlé du dicton de Krishnamurti, « Une vie de comparaison est une vie de misère. ». Ce n'est pas de la Scientologie. J'ai lu des textes traduits du sanscrit. J'ai lu *L'art de la guerre* de Sun Tzu. J'ai lu les haïkus de Basho. J'ai lu des traductions des travaux de Siddharta. J'ai lu des textes écrits par des chefs amérindiens qui m'ont époustouflé. Je découvre chaque jour des vérités en lisant de la fiction, écrites par des personnes très brillantes. La meilleure compréhension de la guerre se trouve dans un livre écrit par Tim O'Brien[10], intitulé *A propos de courage*. La vérité se trouve partout et si vous ouvrez vos yeux et vos oreilles et que vous écoutez les gens, alors vous trouverez presque toutes les réponses aux choses que vous voulez comprendre dans la vie. Et si vous utilisez ce qui fonctionne, la qualité de votre vie sera meilleure. Si vous faites mieux, alors vous serez dans une situation où vous pourrez contribuer à la qualité de vie des autres gens. Si vous n'êtes pas accablé par le stress, les problèmes, les névroses et le malheur, vous pouvez consacrer votre attention à faire quelque chose digne d'intérêt dans votre vie en aidant les gens à être heureux et je pense que c'est une chose importante. Ça n'a rien à voir avec vos croyances, ça n'a rien à voir avec le fait de croire ou non en quelque chose.

Je n'ai pas de point de vue particulier au sujet de Dieu. Je ne sais pas si je crois qu'il y a un Dieu. J'aimerais croire qu'il y en a un, un créateur de l'univers, mais je ne sais pas. Peut-être que je le découvrirai lorsque je mourrai, peut-être pas. Peut-être qu'en mourant, je ne serai rien d'autre que soixante-dix kilos de hamburger et que j'irai dans une boîte ou que je serai incinéré et que ce sera la fin de tout. Je ne le pense pas. Je pense qu'il y a quelque chose mais quoi ? Je ne sais pas mais je suis ouvert. L'un de mes auteurs favoris est Charles Bukowski et il dit quelque chose comme : « Nous mourrons tous, quel cirque, ceci devrait suffire à faire que nous nous aimions tous, mais ce n'est pas le cas. Nous sommes écrasés par les futilités. ». Ce n'est pas du mot à mot mais c'est l'essence. Hunter S. Thompson[11], alcoolique et compulsivement drogué a dit un jour : « Le but de cette vie n'est pas d'aller à la tombe bien habillé, intelligent et poli. Glissez dans votre tombe, les pieds en premier, dans un nuage de poussière, un whiskey dans la main, un cigare dans l'autre, cassé, usé, épuisé, criant le plus fort possible : « Waouh, quelle aventure ! ». ». C'est mon attitude.

---

[10] Auteur américain, ayant publié *A propos de courage* en 1990.
[11] Journaliste et écrivain américain du XXᵉ siècle.

Si quelqu'un me dit qu'une chose est impossible, je vais essayer. Si quelqu'un me dit que qu'une chose est difficile, je vais lui répondre : « OK, voyons comment on va pouvoir réaliser cela ». Je ne suis pas toujours aussi positif, c'est moi, c'est mon caractère. Au moins je suis réel. Les gens me disent : « Tu as cinquante ans. Comment se fait-il que tu te lances avec un groupe de rock and roll à travers l'Europe, que tu transportes des équipements lourds, etc. ? ». Pourquoi ? Parce que j'aime ça et que je veux le faire.

Cette question est stupide.

Vous pensez qu'elle est stupide parce que vous comprenez mes raisons. C'est important pour moi de le faire. J'ai attendu ceci depuis si longtemps. Les gens disent que je traverse la crise de la cinquantaine. Je ne pense pas. Je pense être arrivé à un point où j'ai créé suffisamment d'espace pour avoir le temps de le faire et je vais le faire, pour aucune autre raison que l'amour de le faire, exactement pour les mêmes qui m'ont conduit à écrire des livres. Je pense que si vous faites quelque chose pour l'argent, généralement, ça ne marche pas. Mais si vous faites quelque chose que vous aimez, vous pouvez gagner de l'argent parce que votre passion et votre enthousiasme vous aideront à surmonter les obstacles. Les gens me demandent quelle est ma religion ou ma philosophie. Eh bien la littérature est ma religion et la musique, ma philosophie, ou peut-être le contraire. Les deux sont interchangeables. Ecrire une chanson, c'est comme écrire un chapitre. Ecrire un album, c'est comme écrire un livre. Vous racontez un tas d'histoires, mais c'est une dynamique très différente. Dans le cadre musical, vous devez travailler avec des personnes différentes. Il s'agit d'une collaboration alors qu'écrire un livre est une activité individuelle. Mais je peux écrire une chanson le vendredi matin, la répéter le vendredi après-midi et la jouer en live le vendredi soir et avoir un retour immédiat du public. Ecrire un livre prend six mois et il n'est pas publié avant un an et alors quelqu'un écrit sur Amazon qu'il hait ce bouquin.

Il s'agit de deux façons différentes de délivrer un message, mais c'est intéressant et je suis enthousiasmé par cette idée.

Puisqu'on en parle, vous avez eu quelques déboires avec Amazon…

Sans vouloir faire plus compliqué que ça ne l'est réellement, ce qui a été dit dans les journaux et sur Internet n'est pas la vérité par rapport à ce qu'il s'est vraiment passé. C'est quelque chose dont j'ai déjà parlé. J'ai écrit deux ou trois choses que je n'aurais jamais dû, je m'en suis excusé auprès des gens, que ce soit de manière publique ou privée. Et ça s'est arrêté là. Il n'a jamais été question de « centaines de commentaires » au sujet de mes propres livres.

Comme vous l'avez déjà évoqué, est-ce que cela vous semblait une bonne idée sur le moment ?

Au moment où mon premier livre a été publié, quelqu'un que je connaissais et qui l'a aimé a posté une critique. Quand le deuxième livre est sorti, il en a été de même et ainsi de suite pour le troisième et le quatrième. D'une certaine manière, ça a été une espèce de porte-bonheur et j'ai encouragé cette personne à continuer. Une tradition un peu idiote… D'un coup, ça a été relayé dans toute la presse et j'ai dit : « OK, je suis responsable d'une critique pour chacun de mes livres durant ces dix dernières années. ». Et j'ai écrit deux mauvaises critiques, chose que je n'aurais jamais dû faire. Nous avions trop bu, c'était stupide ! Dans les journaux on a parlé de milliers de critiques.

En résumé, j'ai écrit deux critiques négatives et en ai encouragées dix bonnes à mon compte. C'est ce que j'avais dit sur Facebook et le lendemain, un des plus importants journaux titrait : « Ellory avoue avoir falsifié des critiques sur Amazon depuis dix ans ! ». C'est de cette manière que ça a été rapporté. Il y a eu des commentaires très méchants qu'on pourrait croire fiables. J'ai demandé à Amazon de les retirer mais ils ne l'ont pas fait car ils estiment que les gens ont le droit d'exprimer librement leurs opinions.

Si c'était à refaire, est-ce que je le ferais différemment ? Oui, mais je n'y peux plus rien, la seule chose que je peux changer est ce que je ressens à ce sujet. J'ai donc décidé de reconnaître que c'était simplement le reflet de ma propre insécurité, que c'était stupide et que même les meilleurs font des erreurs. Je me suis excusé, je n'ai plus fait de commentaires depuis. Je n'ai pas le sentiment d'en avoir encore besoin. Dans le grand ordre des choses, c'est insignifiant. Plein de gens ont été accusés de la même chose et on m'a dit que tout le monde le faisait sur Internet : les hôtels, les compagnies aériennes et les restaurants. Mais encore une fois, je l'ai fait, je m'en suis excusé, ce n'était pas intelligent de ma part. C'est comme aller en prison, se droguer et être orphelin, ça fait partie de la vie, je ne peux rien y changer. Et de même, je ne peux pas effacer toutes les fausses informations qui circulent sur Internet, d'accord ! On y trouve plein de choses positives et il faut faire avec les négatives. Dans le déroulement de ma vie, ce n'est pas si important que ça.

L'influence américaine

Pourquoi vos romans se déroulent-ils toujours aux Etats-Unis et jamais en Angleterre ? Etes-vous fasciné par ce pays ? On trouve dans vos romans de nombreuses influences américaines venant du cinéma, des séries télé…

Vous pensez certainement à *Serpico*, *The conversation*[12] avec Gene Hackmann, ces films néo-réalistes des années soixante-dix. Je pense que mes influences d'écrivain viennent plus du cinéma que de la littérature. Quand j'écris, je m'inspire d'images et de mouvements. Quand Olivier Dahan[13] m'a demandé d'écrire le scénario pour l'adaptation de *Seul le silence*, j'ai compris la différence entre les films et les livres. Dans les livres, particulièrement quand on traite la psychologie et les drames humains, on écrit ce que les personnages pensent et ressentent, ce qu'il se passe dans leur univers. Alors que dans les films, il s'agit de montrer ce que les gens font et disent. On se concentre sur les dialogues, le langage parlé et corporel, les expressions. C'est très visuel. On n'imagine rien dans un film, tout vous est livré. On peut penser à ce qui va se passer plus tard, mais pendant qu'on le regarde et particulièrement si c'est un bon film, vous êtes impliqué et tout vous est apporté. La musique, la tension, le look des personnages, tout ! Ma grand-mère avait l'habitude de dire : « Les meilleures images sont à la radio. », parce qu'on entend quelque chose et on se sert de son imagination. Quand on lit un livre on procède de la même manière, on visualise les personnages. Quand j'étais enfant, juste après la mort de ma mère, j'étais au pensionnat et je passais les vacances avec ma grand-mère. Deux semaines à Pâques et à Noël, et cinq en été. Je restais ici, à Birmingham. Ma grand-mère avait perdu son mari et sa fille unique, elle était un peu folle. C'était une femme intéressante mais un peu démodée, qui n'avait aucune idée de la façon d'élever un petit garçon. Je regardais beaucoup la télé avec

---

[12] *Conversation secrète* de Francis Ford Coppola.
[13] Réalisateur français (*Les rivières pourpres 2*, *La môme*, etc.).

elle. Elle adorait les comédies musicales avec Bing Crosby et Fred Astaire et l'âge d'or des classiques hollywoodiens avec James Stewart, Audrey Hepburn, Edward G. Robinson, Veronika Lake, Ingrid Bergman, etc. J'ai donc vu énormément de films tels que *Sueurs froides*, *Fenêtre sur cour*, *La mort aux trousses*, *L'enfer est à lui*, avec James Cagney. Je découvrais à chaque de fois de magnifiques et d'extraordinaires histoires. Je me souviens particulièrement avoir vu *L'inconnu du Nord-express*, réalisé par Alfred Hitchcock sur un scénario de Raymond Chandler, d'après un roman de Patricia Highsmith, qui a également écrit *Le talentueux M. Ripley*. Je me souviens avoir vu *La corde*, *Les enchaînés*, *Cinquième colonne* ou encore *Assurance sur la mort* avec Fred Murray, qui est un film extrêmement intelligent, un superbe polar sombre et une histoire fantastique ! Je me souviens avoir été complètement captivé par *Le facteur sonne toujours deux fois*, d'après un roman de James M. Cain. Un scénario incroyable, des dialogues superbes, tout comme les costumes et les personnages ! J'ai donc grandi avec ces merveilleux films hollywoodiens en noir et blanc qui ont influencé ma manière de raconter des histoires. Bien entendu, tous ces films se déroulaient aux Etats-Unis. De la même manière, les séries qui passaient à la télévision, *Hawaï police d'Etat*, *Les rues de San Francisco*, *Kojak*, *Starsky et Hutch*, *Mission impossible*, étaient américaines.

Je me suis également beaucoup intéressé à la musique. A l'école j'ai voulu apprendre la clarinette mais comme il n'y avait pas de professeur qui l'enseignait, j'ai fait huit années de trompette. J'aimais Louis Armstrong, Louis Jordan, Louis Prima, Scott Joplin… Je m'intéressais beaucoup au jazz de la Nouvelle-Orléans, qui est une porte ouverte sur le blues et la country music.

J'ai donc reçu la culture américaine en intraveineuse dans ma jeunesse. C'était une échappatoire à ma solitude. J'étais très timide, je communiquais difficilement avec les gens et donc j'avais du mal à me faire des amis. J'étais très complexé et je m'évadais au travers des films et de la musique, un peu de fantaisie au milieu de cette dure réalité. Quelque part, ça me reste collé à la peau.

Il y a sans doute plus. Je veux écrire au sujet des êtres qui ressentent de réelles émotions, doivent faire face à des conflits, des controverses et des situations compliquées. Et en Amérique, il y a des controverses très visibles telles que la peine de mort, le racisme, et d'un Etat à l'autre, des vues totalement différentes sur ce qui concerne la culture, la politique, la philosophie ou la religion. Il y a la police qui porte des armes, contrairement à la police britannique, le FBI, la CIA, Hollywood, Las Vegas, la Mafia, les tueurs en série, le système judiciaire, le Congrès, le Sénat et les affaires telles que l'assassinat de Kennedy ou le Watergate de Nixon. Il y a toutes ces choses qui pour moi forment ce formidable maelstrom de conflits, de conspirations, de désaccords, de points de vue et de philosophies.

Et puis il y a la violence...

Oui, le Vietnam, la Corée... Je m'aperçois qu'il y a tellement de choses sur lesquelles écrire, tant de choses pour alimenter l'imagination, un si grand potentiel à explorer. En y pensant de manière cinématographique, c'est l'essence même des films d'Hitchcock : un homme ordinaire qui se retrouve dans une situation extraordinaire. James Stewart dans *Fenêtre sur cour*, Cary Grant dans *La mort aux trousses*... En y réfléchissant, j'ai toujours écrit des livres très différents, mais toujours la même histoire de cet homme ordinaire. On le met dans une situation extraordinaire et on explore la gamme, le spectre des émotions humaines. Voir un homme dans ses meilleurs et ses pires moments. Observer un type alors que sa fille a été assassinée, qu'il se trouve au milieu d'un braquage de banque ou n'importe quelle autre situation, on peut explorer la condition humaine et ça me fascine.

Je crois que le choix d'écrire des livres qui se déroulent aux Etats-Unis était juste un meilleur moyen de mettre en situation ces hommes ordinaires. Parce que j'ai l'habitude de la culture et de la société britanniques, je n'y trouve rien de difficile ou bizarre à comprendre. En revanche, aux Etats-Unis, certaines choses ne fonctionnent pas de la même façon. Mon expérience personnelle de ce pays m'a uniquement servi à augmenter ma curiosité. La façon dont j'en ai entendu parler, comment je l'ai appréhendé en tant qu'Anglais, tout particulièrement dans le Sud, m'a amené à me poser énormément de questions : « Vraiment, c'est réellement ce que vous pensez ? ». Je n'ai pas l'impression que cette partie du pays ait évolué en cent ans ! Quand je suis allé en Géorgie pour faire un documentaire pour une chaîne de télévision britannique au sujet de *Seul le silence*, nous étions cinq Anglais : mon éditeur, le producteur, le réalisateur, un caméraman et moi-même. Nous nous sommes retrouvés dans un bar et pendant que nous jouions au billard un type est venu nous demander d'où nous venions. « D'où venons-nous d'après toi ? », lui répondis-je. « Je pense que vous êtes tous de Tchécoslovaquie. ». Ce pays n'existe plus depuis quinze ans et il ne semblait pas au courant. Je lui ai dit que nous ne venions pas de là et il a dit : « De Russie, alors. ». J'ai répondu que non et qu'il lui restait une dernière chance. Il a dit : « Je crois que vous pourriez être de Jewland[14]. ». J'ai à nouveau répondu que non. Puis il m'a demandé si nous étions juifs, comme si cela pouvait poser un problème. Quand je lui ai dit que nous étions de Birmingham, il m'a demandé ce que nous faisions si loin de l'Alabama ! L'Alabama se situe à environ soixante-dix kilomètres à l'ouest… Et il a ajouté : « Vous avez tous l'air gay, à votre manière de parler ! ». J'ai répondu que nous parlions tous comme ça en Angleterre. « Vraiment ? ». Oui et en général nous aimons cela ! C'était très étrange. Il parait qu'environ quatre-vingt pour cent des Américains n'ont pas de passeport et ne pensent pas en avoir besoin. C'est une culture jeune et étrange et maintenant, d'une certaine manière, ils se débrouillent pour être impliqués dans tout ce qui se passe dans le monde, même si on ne les y a pas invités. L'Amérique se

---

[14] Littéralement, « le pays des Juifs » (péjoratif).

comporte comme un adolescent agressif dans une cour d'école, se mêlant des affaires des autres. Elle a laissé son empreinte à travers la planète, la plupart du temps avec du sang sur les mains. Mais en même temps ils ont des gens comme Walt Whitman, William Carlos Williams, Mark Twain, Washington Irwin, Leonard Bernstein et également des westerns, James Cagney et Edward G. Robinson, Tim O'Brien... Je veux dire que les Etats-Unis sont à la fois le meilleur et le pire de l'humanité en un seul endroit. C'est un continent si grand qui possède tant de richesse et de pauvreté. J'ai été à Washington pour *Les anonymes,* après l'élection d'Obama. Il se trouve que cette ville, où vit le président noir des Etats-Unis, a le taux le plus élevé d'hommes noirs atteints du Sida de tout le pays[15]. Voici la chose la plus importante qui soit arrivée dans la vie politique de ce pays depuis je ne sais combien de temps, une étape majeure pour les droits de l'homme, on va se débarrasser du racisme ! Et d'un autre coté il y a un groupe démographique de citoyens à Washington dont personne n'a rien à foutre !

Obama est resté huit ans à la Maison Blanche et est-ce que le point de vue sur le racisme a évolué ? Non. Est-ce que le système de santé a évolué ? Peut-être un peu, mais il y a tant de gens qui le combattent qu'après le départ d'Obama, ça disparaîtra. C'est un pays de contradictions. De noir et blanc. Et quelque part au milieu de cette société, comme il en existe certainement en France et en Angleterre, il y a un énorme pourcentage de gens qui se fichent de savoir qui est à la Maison Blanche. Tout ce qui les intéresse, c'est d'avoir assez de bière, de savoir s'ils vont pouvoir tirer un coup le vendredi et faire en sorte d'être rentrés chez eux avant le début de leur série télé. Paul Auster, que j'admire a dit : « Devenir romancier, écrivain, ce n'est pas un plan de carrière comme devenir policier ou docteur, on est choisi plus qu'on ne choisit et une fois qu'on a accepté qu'on ne peut rien faire d'autre, on prend conscience qu'il faudra marcher sur un chemin long et solitaire le reste de notre vie. ».

---

[15] Ces chiffres datent de 2008.

Vous vous retrouvez dans cette citation ?

Je ne pense pas qu'on choisisse d'être musicien, danseur de ballet ou écrivain. Je pense que quelque part, on ne peut pas l'éviter. De la même manière, je ne crois pas qu'on choisisse toujours les sujets sur lesquels on écrit. Parfois, c'est le sujet qui vous choisit. Ecrivain, je l'ai toujours été et le serai toujours. Je l'ai été avant d'avoir été publié et le resterai même si un jour on ne me publie plus.

Est-ce une activité solitaire ? Plutôt individuelle. Les gens pensent que j'ai une vie super intéressante. Mais quand on écrit trois ou quatre mois par an, on est seul. Parfois, on ne sort pas de la maison pendant une semaine. De temps en temps, je pars conduire au hasard, je m'arrête et je discute avec des gens. J'étais récemment dans un supermarché et j'ai engagé la conversation avec un type alors que nous faisions la queue. Nous avons eu une conversation très drôle pendant cinq minutes. Cela m'arrive de temps à autre et je réalise qu'en-dehors de ma femme, je n'avais parlé à personne d'autre depuis trois jours. C'est parfois étrange. Et tout à coup, j'ai terminé et publié un livre, je prends un avion pour n'importe où et je passe une semaine à parler de moi à des étrangers ! Vicky a l'habitude de dire : « Voyager, ça craint, arriver, c'est génial ! ». Qu'y a-t-il de génial dans le fait d'arriver ? Vous, les gens ! Le fait d'être assis entre Ian Manook ou Maud Mayeras ou qui que ce soit ou encore partir en Corse une semaine avec Tim Willocks, qui est un grand écrivain et une bonne personne. En fait, où qu'on aille, on se fait des amis. Et les gens sont si prévenants et sympathiques que ça redonne la foi et nous rend heureux et confiants en le genre humain.

C'est un genre de vie parfois bizarre. Pour un roman de cent cinquante mille mots, si j'écris deux mille mots par jour, ça va me prendre soixante-quinze jours, soit entre dix et douze semaines seul avec moi-même. Penser, écrire toujours et encore, faire des recherches, lire, tout ça fait partie de moi. Et puis je donne le tout à lire à quelqu'un qui me dit : « Je n'aime pas. ». OK, je suis désolé, je vais travailler encore plus dur ! Mais je ne changerai

112

rien pour autant, je n'en ai pas envie. J'ai envie de partir en tournée avec mon groupe, d'enregistrer de la musique, d'être impliqué dans des films et d'en écrire la bande originale, de faire plus de choses dans le roman graphique. J'aimerais publier un album de photographies avec des histoires, des anecdotes, des réminiscences de lieux où j'ai été, ce qui s'y est passé, expliquer le sens de telle ou telle photo. Toutes ces choses dont j'ai envie sont connectées entre elles d'une certaine manière.

Pour en revenir aux Etats-Unis, si vous deviez écrire un scénario, il se passerait forcément là-bas ?

Pas nécessairement. L'idée d'écrire quelque chose qui ne s'y passe pas ne m'effraie pas. Je pourrais écrire quelque chose situé en Angleterre ou en France. Un de mes romans qui n'a pas été publié est une espèce de thriller international sur le vol d'objets d'art. Il se déroule en Pennsylvanie, à Washington, New-York, Londres, Paris, Prague et Marseille. J'ai écrit au sujet de ces villes. Une partie de *Vendetta* se passe à Cuba. Ce sont différents projets personnels, comme une nouvelle que j'ai écrite, située en Angleterre. Parfois, ça peut se passer à Londres, un peu à Dublin ou un peu à Paris. Je suis donc capable d'écrire sur d'autres pays, l'idée ne m'horrifie pas. Cela dit, le genre d'histoires que je veux raconter, comme par exemple, *Mauvaise étoile*, ne pourrait pas se situer en Angleterre. Nous n'avons pas l'espace suffisant pour faire disparaître des gens comme cela et dans les années trente, quarante ou soixante aux Etats-Unis, ces périodes étaient totalement différentes. Prenez par exemple le Texas dans les années trente. Que se passait-il en Angleterre durant la même période ? On se dirigeait vers la Seconde Guerre mondiale, la société et la culture anglaises étaient très définies. On peut donc difficilement en dévier. Avec les Etats-Unis, j'ai le sentiment que je peux écrire ce que je veux, que j'ai tout l'espace nécessaire pour le faire. Dans *Mauvaise étoile*, je voulais écrire un roman sur les enquêtes de police sans technologie, dans un environnement

113

où aussi loin qu'on puisse marcher, la seule chose qu'on puisse apercevoir c'est l'horizon. On ne peut pas écrire cela avec l'Angleterre pour cadre. Et le climat est un personnage à lui tout seul. C'est la même chose dans *Vendetta*, où je voulais que chaque ville soit un personnage. De cette manière, vous vous sentez comme si vous y aviez été. J'ai le sentiment que l'Angleterre est comme un petit tableau en couleur alors que les Etats-Unis me donnent un canevas aussi grand qu'un immeuble. Ça m'intéresse beaucoup, ce n'est pas parce que je n'aime pas l'Angleterre.

Le succès au Royaume-Uni

Le succès est-il une chose fragile ?

Oui, mais je suis au cœur d'une industrie. J'ai choisi un chemin qui peut s'arrêter demain, c'est fragile. Malheureusement, parce que les standards d'éducation et d'alphabétisation sont à la baisse, de moins en moins de personnes pensent que les livres sont quelque chose d'important. Et spécialement dans les pays de langue anglaise. En Europe, c'est différent. En ce qui concerne l'Angleterre j'ai le regret de constater que chez quasiment tous les libraires indépendants et dans toute la chaîne du livre, la quantité d'ouvrages vendus chaque semaine est toute petite comparée à il y a cinquante ans. Dans les années cinquante et soixante, la lecture avait une part très importante dans les loisirs. Ce n'est plus le cas. Avec le développement de la télévision, de la musique populaire, des voyages bon marché, du confort des voitures d'aujourd'hui, Internet, YouTube, les réseaux sociaux et la quantité de films qui sortent, il y a de plus en plus de choses qui occupent l'attention des gens. Dans les années vingt, trente et quarante, on avait des instruments de musique à la maison et, pendant les soirées entre amis, il y avait de la musique, de la lecture et on racontait des histoires. Quelqu'un demandait si untel allait jouer du piano et chacun s'installait pour l'écouter ou chanter. Les formes de divertissement et la façon dont les gens s'amusent ont beaucoup changé au XXIe siècle. Steinbeck disait : « Le métier d'écrivain fait ressembler les courses de chevaux à une entreprise solide et stable. ». Je pense que c'est plus vrai aujourd'hui que ça ne l'a jamais été. C'est une existence précaire et fragile. Je pourrais être publié dans plus de vingt langues mais si je ne suis plus lu en Angleterre, ça fermerait une porte significative. Ecrire et ne plus être publié dans son propre pays signifierait qu'il est temps de faire quelque chose d'autre. Ce n'est pas arrivé et j'espère que ça n'arrivera pas mais il n'est pas impossible de concevoir que dans un an ou deux je ne sois plus publié.

A ce point-là ?

Oh oui, car l'industrie du livre se bat pour rester en vie au Royaume-Uni !

En France, on n'a pas du tout cette impression. On ne pense pas que le papier puisse disparaître, nous sommes assez optimistes. On ne croit pas que les nouvelles technologies puissent remplacer les livres.

Oui, mais les nouvelles technologies n'ont pas d'importance car on ne fait pas un lecteur ou un non lecteur en lui donnant un Kindle. Ils lisent ou ne lisent pas, ils ont grandi avec des livres ou sans.

Ce que vous dites au sujet de l'industrie du livre en Royaume-Uni est assez effrayant...

Oui et c'est mon existence et mon futur. Je ne pense pas que je prendrai ma retraite tôt grâce à l'argent que j'ai gagné en vendant des livres. Je pense que je continuerai à travailler, à faire quelque chose le restant de mes jours. Et ce ne sera pas forcément écrire des livres, c'est une simple vérité. Ce n'est pas juste une chose dite en l'air, c'est le résultat de discussions que j'ai eues avec d'autres écrivains, éditeurs ou agents. C'est vraiment difficile de vendre des livres, on gagne de moins en moins d'argent en écrivant. Et ce n'est pas parce qu'une personne a vendu dix ou quinze bouquins qu'elle va en publier un de plus. La seule raison pour qu'elle soit publiée est parce qu'elle fait gagner de l'argent à la maison d'édition. Si ce n'est plus le cas, celle-ci se débarrasse d'elle. Il y a un tas d'auteurs avec qui j'ai débuté dans les années 2002, 2003 et 2004, qui ont écrit cinq ou six livres et qui ont disparu depuis. La majorité des écrivains que je connais est obligée d'avoir un autre boulot pour vivre.

En France, c'est pareil...

Ceux qui, en général, ont les revenus suffisants pour survivre sont publiés à l'étranger. Je crois qu'il n'existe qu'un faible pourcentage d'écrivains publiés uniquement en Angleterre qui vivent de leurs revenus.

Maintenant on peut très bien ne pas lire et regarder des vidéos sur YouTube pour apprendre et se divertir.

C'est une sorte de divertissement très différent. Je pense qu'il y a énormément de gens au Royaume-Uni, dans les générations plus jeunes que moi, qui ne savent pas ce que c'est de lire, qui n'ont jamais lu un livre. Vous souvenez-vous quand vous étiez enfant, que vous lisiez et que d'un coup vous pensiez : « Whaou ! » ? Vous ne lisiez pas parce que vous le deviez, mais parce que vous aimiez cela profondément, vous ne pouviez pas poser le livre. Je crois qu'il y a un gros pourcentage de personnes qui n'ont jamais vécu cette expérience et qui n'ont aucune idée de quoi on parle, parce que leurs parents ne lisaient pas, etc. Par exemple, j'ai lu dans un article qu'il a été demandé à des écoliers dans plusieurs écoles d'une région d'Angleterre d'apporter le livre de leur choix en classe. Il se trouve que quarante pour cent des élèves ont apporté le seul livre qu'ils ont pu trouver chez eux, soit un catalogue de vêtements. Je me souviens que ça m'avait choqué. Partout dans le Royaume-Uni il y a des foyers où il n'y a aucun livre. Il y a eu un autre article qui disait que soixante pour cent des adultes de Londres n'ont pas suffisamment confiance dans leurs qualités de lecture pour l'enseigner à leurs enfants. On estime qu'aujourd'hui soixante-cinq pour cent des adultes ne sont que partiellement alphabétisés, ce qui signifie qu'ils sont incapables de comprendre leur contrat téléphonique ou d'hypothèque parce que leur vocabulaire est trop pauvre. Je lis régulièrement plein de choses sur Facebook et qu'est-ce que je constate ? L'orthographe, la ponctuation, l'utilisation incorrecte des majuscules, la méconnaissance de la structure d'une phrase est le résultat de notre système d'éducation. Et cela décline depuis les années soixante ou soixante-dix. Malgré l'absence de parents j'ai eu la chance d'avoir été envoyé dans une bonne école. Ça aurait certainement été plus sympa de rester à Birmingham et d'avoir des copains dans le coin. Je me souviens de mes retours à la maison et de n'y avoir eu absolument aucun ami. Je voyais traîner des groupes d'enfants qui se connaissaient tous dans ma rue, car ils étaient à l'école ensemble. Je ne connaissais personne, je n'avais même pas de vêtements à la maison, j'étais obligé de porter mes chaussures d'écolier car je n'avais rien d'autre. J'ai étudié Shakespeare et Harper Lee, la littérature. Je lisais tout le temps à l'école. L'école avait une bibliothèque. J'y passais l'essentiel de mon temps et on m'y oubliait. Lire était une manière d'échapper à l'ennui, à mon sentiment d'insécurité. C'était une porte ouverte sur un monde de fantaisie. Je suis tellement comblé d'avoir eu cette opportunité !

Si on suit votre raisonnement, dans quelques années, les écrivains auront disparu...

Sauf si quelque chose change.

Qu'est-ce qui pourrait changer ?

J'essaie d'être optimiste. Actuellement la tendance est à : « On veut tout, tout de suite et gratuitement, sans aucun effort. On veut pouvoir télécharger de la musique et des films gratuitement, prendre du plaisir et s'amuser instantanément. ». Je pense que ça peut changer. J'ai remarqué une statistique intéressante : l'année dernière, le nombre de téléchargements mp3 a chuté. Il y a eu parallèlement une augmentation de quatre-cent pour cent des ventes de cassettes et de vinyles. Les gens recommencent à faire leurs propres compilations. Maintenant, une augmentation de quatre-cent pour cent peut sembler énorme mais on part de rien. Tout de même, on arrive à un moment où les gens ont à nouveau envie de détenir un objet physique. J'ai quelques vinyles chez moi, mais pas énormément. Mon fils m'en a offert un à Noël dernier et il a une qualité de son que ne possède pas un CD. Au moment où on pose le diamant sur le disque, qu'il crisse et que la musique commence, cela implique une action et une réalité physique. Avoir un album en main, c'est pouvoir apprécier le travail artistique de la pochette, lire les pages avec les paroles, en apprécier la tenue et s'en réjouir. Plus d'un million de Kindle a été vendu à Noël dernier et en mars, seuls trente pour cent d'entre eux ont été allumés. Quand on voyage beaucoup, on s'aperçoit que les gens sont frustrés car ils doivent attendre d'avoir décollé avant de pouvoir allumer leur liseuse et qu'ils doivent la déconnecter trente minutes avant l'atterrissage. Vicky emporte toujours sa liseuse ainsi qu'un livre, comme cela si elle doit l'éteindre ou si la batterie tombe en panne, elle a toujours un bouquin à portée de main. Quand on est en vacances, on ne peut pas laisser sa liseuse sur son transat le temps d'aller se baigner, parce qu'au retour, quelqu'un nous l'aura volé. On ne peut pas aimer un livre sur liseuse et le donner à quelqu'un. Je possède une maison pleine de livres. On peut même la décorer avec. Et quand on va chez quelqu'un, la première chose qu'on fait, c'est de regarder sa bibliothèque. Et quand vous voyez les livres que la personne possède, ça vous dit quelque chose sur elle. Ils font tellement partie de la vie des gens ! Ce n'est pas la même chose avec un e-book. *Waterstones* a cessé de mettre en avant ses liseuses. Elle en vend toujours mais plus personne ne les achète. Pour ma part je n'en ai pas et je n'en veux pas. Je veux un livre ! J'en lis tout le temps, de la fiction quand je n'écris pas et que je voyage, ou autre chose quand je suis en phase d'écriture.

Je lis en permanence, j'aime les livres et les marque-pages, l'odeur de l'encre et du papier. J'aime en acheter, les emballer et les offrir à mes amis. Je crois qu'il y a une chance que tout cela revienne car les ventes baissent dans toutes les catégories sauf celles qui concernent les adolescents, ce qui est une sacrée amélioration. Alors peut-être que ceux-là continueront quand ils auront vingt et trente ans et au-delà.

Beaucoup d'adolescents ont redécouvert le plaisir de la lecture au travers d'*Harry Potter*...

Certainement, d'ailleurs mon fils et ma femme les ont tous lus. Ils s'asseyaient ensemble, elle lui lisait une partie et comme il voulait connaître la suite, ils lisaient ensemble tout le livre. Les gens peuvent toujours affirmer qu'ils n'aiment pas la série des *Harry Potter*, je m'en fiche. Ce qui est certain, c'est que J.K. Rowling a joué un rôle très important pour faire retrouver aux enfants le goût des livres. Tout le succès qu'elle connaît et l'argent qu'elle a gagné, elle les mérite car elle a fait un boulot fantastique afin de redonner le plaisir de lire aux gens de ce pays. Les gens peuvent aussi bien critiquer *Twilight* ou je ne sais quoi encore, en ce qui me concerne, tout ce qui peut inciter les gens à lire, je suis pour ! Je me fiche de ce que ça peut être !

Même *Cinquante nuances de Grey* ?

C'est un phénomène d'édition intéressant. J'en ai parlé avec un libraire qui m'expliquait que quand un livre rencontre un tel succès, on propose aux clients d'autres livres sur le même thème. Si on aime *Le Seigneur des Anneaux*, on aimera aussi ceci ou cela.
Cinquante nuances de Grey a été vendu à des millions d'exemplaires et des nouvelles érotiques similaires ont été mises en avant, mais les gens n'étaient pas intéressés. Le libraire a demandé aux clients qui l'achetaient quel était le dernier livre qu'ils avaient lu et souvent, ils répondaient qu'ils ne lisaient pas vraiment. Il a remarqué qu'ils lisaient des magazines et que c'était leur principale source d'information. Les gens achetaient les trois tomes pour le prix de deux, mais je me demande bien quel en est l'intérêt si on ne lit pas !

Je n'en sais pas plus, je ne l'ai pas lu. Mais, encore une fois, tout ce qui peut faire lire les gens est une bonne chose et il y a des grandes chances pour qu'ils continuent après. Nous avons tous commencé avec des *Ladybird books*[16]. Les gens disaient qu'Enid Blyton était raciste, misogyne et politiquement incorrecte ! Mais fermez-la ! Ses livres m'ont intéressé aux histoires mystérieuses et après j'ai lu Agatha Christie, Conan Doyle et c'était parti !

---

[16] Livres classiques d'apprentissage de la lecture au Royaume-Uni.

L'écrivain sur le grill

Des écrivains tels que Céline sont décriés pour leurs propos pendant la Seconde Guerre mondiale. Devons-nous les considérer simplement comme de grands écrivains ou faire la part entre leur vie réelle et leur œuvre ?

Je ne sais pas. Les points de vue changent au sein même des sociétés avec chaque nouvelle génération. Ce qui est accepté aujourd'hui ne le sera peut-être pas dans vingt ans. Ce qui l'était dans les années trente ne l'était plus dans les années soixante. Les cultures changent, les gens évoluent, deviennent plus intelligents, ou moins, et plus ou moins partiaux. Je me souviens avoir lu Ian Fleming quand j'étais enfant. J'adorais James Bond et je collectionnais ses livres. Parfois plusieurs fois le même titre car il y avait des couvertures différentes et je voulais toutes les avoir. J'adore les films de James Bond et Fleming est vraiment un grand écrivain. J'ai lu *Vivre et laisser mourir* pour voir. Il y a un chapitre dans le livre qui s'appelle « Nigger heaven » où il écrit au sujet d'un quartier très particulier de New-York, Harlem. Bond se rend dans une boîte de nuit fréquentée par des Noirs qui parlent un patois. Fleming ne fait pas un très bon boulot en décrivant ces gens parler leur patois. Il insiste sur plusieurs pages. Puis, parlant d'un criminel noir, le type qui accompagne Bond dit : « Ils ont fait quelques progrès, ils ont des docteurs compétents et des avocats, ce n'était qu'une question de temps pour que les Noirs puissent avoir un criminel de valeur. ». Quoi ? Sérieusement ? Ce serait aujourd'hui considéré comme raciste et impardonnable, de sorte qu'il aurait été trainé dans la rue et battu à mort ! En 1953, ça n'a soulevé aucun problème, ça a été publié. Ça l'est toujours et personne n'a rien modifié. Les attitudes changent, pour le meilleur dans ce cas. Mais chaque sujet que les gens ne comprennent pas peut être controversé. Les attitudes à l'égard de la sexualité ont massivement changé ces vingt-cinq dernières années, mais les gens ont toujours des opinions fixes et partiales, ils sont toujours ignorants et pas éduqués. J'ai récemment regardé un documentaire sur Michael Stipe du groupe R.E.M. Il a longtemps refoulé sa sexualité car il était gay ou bisexuel. Il a finalement fait son *coming out* en disant : « Vous savez, ça ne regarde absolument personne de savoir où je mets ma queue ! Si je ne fais de mal à personne, qu'est-ce que ça peut bien vous foutre ? ». D'après ce que je sais, ce que croient les hétérosexuels pas très futés, c'est que ceux qui sont différents le sont par choix, que c'est un choix de vie. Non, si quelqu'un est homosexuel, il est homosexuel. Il ne s'est pas levé un matin en se disant : « Tiens, ce serait une bonne idée d'être gay ! ». Ce n'est pas comme ça que ça marche ! C'est comme essayer de juger quelqu'un d'après ses propres normes. Ça ne fonctionne pas comme ça.

En règle générale, on ne décide pas que son mariage sera raté ou d'être un mauvais père. La vie passe par là, elle est mouvante. Et on fait avec, du mieux qu'on peut.

Est-ce la même chose pour un écrivain ?

Je pense que quel que soit l'écrivain et quoiqu'il écrive, il y a une part d'autobiographie. On ne peut pas éviter d'écrire sa propre philosophie. Il y en a peut-être qui écrivent des trucs racistes et qui le sont vraiment et d'autres qui mettent ce racisme en avant pour le dénoncer. Dissocions-nous l'écriture de l'écrivain ? Je ne pense pas que ce soit possible. Il faut être ouvert aux changements d'époques et de comportement. Et au fait que les gens ne sont que le résultat de leur environnement, de leur éducation et de la société à laquelle ils appartiennent. A moins qu'on écrive pour être controversé, on le fait du point de vue de sa propre façon de vivre. Les expériences du passé nous enseignent que les comportements sont ancrés dans la société et qu'ils sont ainsi inculqués aux enfants. Dans bien des cas, on se rend compte que ces comportements sont en réalité mauvais. Un enfant ne naît pas raciste ou dans la haine des homosexuels. Il apprend cela de sa famille, d'une mauvaise propagande ou dans des circonstances personnelles. S'il écrit sur ces sujets, alors c'est son point de vue, c'est juste ? Non. Est-il responsable de ses idées ? A un certain degré, oui. Mais la société est également responsable de son éducation. On ne peut donc pas séparer l'individu et ce qu'il crée. Quand on dit : « J'ai des amis noirs, ou jaunes, ou gays, ou lesbiennes… », je pense simplement : « Tu as des amis, quoi ! ». Je me tape complètement de savoir qu'il s'agisse d'un Démocrate ou d'un Républicain ou qu'il ait le Q.I. d'une huître ! Ce sont des amis ou pas. L'unique raison pour laquelle quelqu'un cesse d'être un ami, c'est parce qu'il ne veut pas l'être ou que quelque chose me fait comprendre qu'il n'est pas un véritable ami. Nous ne sommes pas obligés de vivre avec tout le monde. J'aime le poète William Butler Yeats quand il dit : « Il n'y a pas d'étrangers, il n'y a que des amis que nous n'avons pas encore rencontrés. ».

On a beaucoup parlé de *Mein Kampf* récemment car maintenant tout éditeur est en droit de le publier. Que pensez-vous de ce livre ?

Je ne l'ai pas lu.

Est-il possible de parler d'un ouvrage qu'on a pas lu ?

Ce n'est pas facile. Voici les derniers sujets des livres que j'ai lus : *WW2*, qui parle de la bataille de Stalingrad, *Les derniers jours d'Hitler*, *Berlin : the Downfall*, puis j'ai lu l'Histoire de la Gestapo ainsi que *Nazi Hunters*, sur les activités SS durant l'Occupation. Egalement *Into That Darkness*, qui parle de Stangl, le commandant de Treblinka. Et un livre sur le système concentrationnaire.
J'en suis à mon septième livre sur la Seconde Guerre mondiale et le régime nazi, Hitler et le Jour J. Je suis tellement focalisé dessus que je vais arrêter de lire sur ce sujet pour aborder quelque chose d'autre. Mais je m'intéresse à cette période depuis six ans et je la trouve fascinante d'un point de vue historique et sociologique. Comment une telle chose a-t-elle pu arriver ? Le résultat, c'est

qu'en six ans, soixante millions de personnes sont mortes, soit la population du Royaume-Uni. Les conséquences et les répercussions de cette guerre sont toujours présentes aujourd'hui. Nous avons deux chaînes de télévision qui diffusent en continu des documentaires sur cette guerre et qui montrent la folie des Allemands. Les Britanniques ne lâcheront rien à ce sujet, ils n'oublieront ni ne pardonneront. Ils ont toujours des préjugés sur le peuple allemand dans son ensemble. Les Anglais n'aiment pas les Allemands ! Dans un show télévisé pendant les Jeux Olympiques de Londres, un célèbre comédien a dit : « Nous dépensons des millions de livres sterling pour les Jeux, avec cet argent on pourrait aller écrire : « Fuck off, Germany » sur la lune ! ». Aujourd'hui encore il y a deux choses que les Anglais n'oublieront jamais : la Seconde Guerre mondiale et la Coupe du Monde de 1966[17]. J'étais dans le métro à Londres, récemment, là-même où des Londoniens ont demandé à un adolescent allemand de quitter la rame. « Nous ne voulons pas entendre ta sale langue ! ». Manifestement, il s'agit d'une minorité, je ne pense pas que la majorité des gens pense comme ça. A chaque changement de génération, il y a de moins en moins de gens qui se souviennent de ce qu'il s'est passé, mais ça me fascine.

Mes grands-parents étaient dans la Royal Air Force. D'après les rumeurs, ma grand-mère était secrétaire de Harris, le maréchal de la R.A.F. qui a fait bombarder Dresde, et qui fut administrateur à Bletchley Park, là où Enigma a été décodée. Je ne sais pas si c'est vrai, mais cela m'a été raconté par quelqu'un de fiable. Je n'ai jamais demandé à ma grand-mère et même, je ne crois pas qu'elle m'aurait dit quelque chose. Les gens étaient comme ça.

Je vais continuer à m'intéresser à tout ça car c'est si dramatique, si important, tellement incroyable ! Avec tous ces livres, je me demande comment tout ça a bien pu arriver ? C'était une guerre mondiale, quasiment toute la planète y a pris part, en tout cas, tout le Commonwealth. Et jusqu'en 1941, les seuls qui se

---

[17] En Angleterre, victoire des Anglais.

dressaient contre les Allemands, c'étaient les Anglais, les Français, les Irlandais et les Canadiens. Je sais qu'il y a des plaisanteries sur les Français, comme quoi ils n'étaient pas très courageux. Mais laissez-moi vous rappeler ce que Churchill a dit quand le corps expéditionnaire britannique s'est retrouvé pris au piège sur les plages de Dunkerque. Trois cent trente-huit mille hommes ont été sauvés lorsque les Français ont mis en place un couloir de protection parce que les Allemands allaient les jeter à la mer et tuer la majorité d'entre eux. Et là, la guerre aurait été terminée. L'armée française a permis l'évacuation des Britanniques. Cent mille Français ont été tués ainsi que de nombreux civils. Churchill a dit que les Français ont combattu avec plus de courage que les Spartiates à la bataille des Thermopyles et que, sans ce courage et cette détermination, la guerre aurait été perdue dès 1941. C'est également ce que je pense des Français. La Résistance a fait des choses extraordinaires pendant l'Occupation pour préparer le succès du Débarquement. Le Havre et Dunkerque font partie du vocabulaire des écoliers britanniques car c'est extrêmement important. La coopération, l'unité, tout ce qui s'est passé pendant les premiers jours du Jour J me donne des frissons. On ne peut pas nier la vérité des faits historiques. C'est arrivé en France et pour moi la France et l'Angleterre ont rendu l'évacuation de Dunkerque possible ensemble.

L'Angleterre était seule face à l'Allemagne pendant un an et a sauvé le monde !

Oui, enfin, dans l'Histoire, nous nous sommes battus beaucoup plus longtemps contre la France que contre l'Allemagne. Et il reste un peu de ressentiment car, de tous les peuples qui ont essayé de nous envahir, seuls les Romains et les Français ont réussi à nous occuper et à s'installer. Les Vikings ont essayé mais ils ne sont pas restés. La France, oui, et pendant une petite période nous parlions le Français, c'est bien dommage que ce ne soit plus le cas. J'aimerais être capable de parler Français.

Vous vous améliorez…

Oui, lentement mais sûrement. Il faudrait que je reste trois mois afin de m'immerger.

Revenons-en à *Mein Kampf* que tout le monde peut désormais publier…

Ça ne fait rien, comme plus personne ne lit… Je pense que je ne le lirai jamais, je n'en ai pas besoin. Concernant Hitler, je préfère lire les livres de Ian Kershaw[18]. Il y a deux volumes : le tome un pour la période de 1889 à 1936 et le tome deux pour la période de 1936 à 1945. C'est une période qui me fascine. C'est peut-être générationnel, je ne sais pas.

---

[18] Historien britannique connu pour ses travaux sur la Seconde Guerre mondiale.

La fascination pour la guerre

La guerre est présente dans vos livres, surtout l'expérience qu'en font les hommes.

Particulièrement dans *Les neuf cercles*, avec la guerre du Vietnam. J'ai toujours voulu écrire sur le Vietnam mais je ne l'ai pas fait, n'y étant pas allé. Il y a d'extraordinaires livres à ce sujet, écrits par des gens qui y ont été, je ne souhaite pas aller sur ce terrain-là. Mais j'ai senti que je pouvais écrire un livre sur un gars qui y a été. L'histoire se déroule en 1974 et il y était à la fin des années soixante, c'était encore récent dans son esprit. J'ai adoré écrire ce livre. Je sais que des gens disent qu'il y a trop de guerre dedans et qu'ils ne veulent pas forcément lire sur ce sujet. Mais j'ai voulu écrire sur les effets qu'a la guerre sur l'être humain. Je n'ai pas fait la guerre mais j'ai lu des choses horribles dessus. J'ai parlé à des gens qui l'avaient faite et les films de guerre m'obsédaient quand j'étais petit.

Mais je voulais écrire au sujet de la guerre, de la Mafia, de la CIA, du FBI, du Ku-Klux Klan, de la peine de mort qui est le sujet de *Papillon de nuit*, du New-York Police Department, qui est le sujet de *Les anges de New-York*. Je vais choisir des sujets emblématiques américains. Actuellement, j'écris une trilogie sur Hollywood. C'est simplement un sujet qui m'intéresse. La guerre et sa folie m'intéressent. J'ai relu des choses que j'avais écrites dans *Les neuf cercles*. C'était un livre important à écrire, comme ils le sont tous. Il y avait comme une pertinence à écrire sur la guerre car c'est un sujet qui a toujours été d'un grand intérêt et d'un grand mystère au cours de ma vie.

Ce sont les réactions des gens qui vous intéressent le plus ?

Oui, mais pas uniquement. J'ai lu *A propos de courage* de Tim O'Brien, qui est une série d'histoires courtes sur un type qui a été au Vietnam alors qu'il n'était qu'un adolescent. Jeune, il est au lycée, joue au football, conduit son pick-up autour du lac, boit des bières, a une petite amie. Dix semaines plus tard il est là, dans la merde, essayant de ne pas se faire tuer par des types qui ne lui ont rien fait. Qui parlent une langue et ont une politique dont il ne comprend rien. Il ne sait pas pourquoi il est là. Le gouvernement lui a simplement dit : « Tu y vas, avec un minimum d'entraînement et un minimum de matériel. ». Cette série d'histoires courtes vous fend le cœur. Les Américains ont développé un engin explosif, la mine anti personnelle Claymore. A l'intérieur, il y a sept cent cinquante billes de fer. Elle explose quand on marche dessus et il décrit l'effet que ça fait : « Il était là et d'un coup, il n'y était plus. ». Il ne restait rien, pas même du sang. L'explosion est si violente que le gars se transforme en poussière. Il ne reste rien de l'humain.

Il raconte aussi l'histoire d'un type qui prend une balle. Il tombe à genoux, comme s'il était vivant mais totalement immobile. Plus rien, il est mort, sa vie est terminée. J'ai trouvé ce livre évocateur, puissant et provoquant. Je l'ai lu il y a pas mal d'années et en regardant *Apocalypse Now* ou *Platoon*, on comprend cette idée de totale folie. Les Américains diraient : « On a gagné la guerre du Vietnam ! », mais ils se sont battus pour quoi ? Non, vous n'avez pas gagné ! Regardez les images quand ils essaient d'évacuer l'ambassade américaine à Saigon. L'hélicoptère s'écrase sur le toit, c'est cela une armée qui gagne une guerre ? On voit que Kennedy a tenté de sortir de cette guerre et c'est peut-être une des raisons pour lesquelles il a été assassiné. Parce que les marchands d'arme souhaitaient que la guerre continue. Qui sait ? Il s'est passé tant de choses durant cette période. Je l'ai partiellement évoqué dans *Papillon de nuit*, mais je voulais écrire un livre à ce sujet.

Se serait-on intéressé à la guerre du Vietnam sans les films ?

Non, je ne pense pas. On ne se serait pas autant intéressé à la Mafia sans *Le parrain*. Les films qui m'intéressent le plus et que je trouve les plus importants sont ceux qui disent : « Voilà à quel point les humains peuvent être cinglés. ». Il y a un côté réjouissant de voir à quel point les choses peuvent aller mal. Peut-être que ça nous rassure de constater que nos vies ne sont pas aussi désastreuses. Je regarde un film sur Eichmann en ce moment. J'ai vu *La chute* trois ou quatre fois, *La liste de Schindler*, *Il faut sauver le soldat Ryan*. J'ai vu *Fury* qui parle de soldats américains dans un char. Ça ne cessera jamais d'être un centre d'intérêt car nous sommes intrigués et accros à des choses qu'on ne comprend pas.

Nous nous battons depuis toujours. En deux mille cinq cent ans il y a eu peut-être sept mois de paix simultanée dans le monde. Israël et la Palestine se battent. La guerre cesse six heures et une autre débute en Irak. Que faisons-nous ? Les raisons sont : « Vous avez des terres que vous ne devriez pas avoir, donc on va les prendre. ». « Notre Dieu est meilleur que le vôtre, donc nous allons vous tuer. ». Ou encore : « Tu es communiste donc tu dois mourir. ». Est-ce orchestré, planifié, calculé ? Bien sûr ! Pourquoi ? La guerre génère beaucoup d'argent. N'allons pas dans cette conversation, de ce qui fait tourner le monde…

La célébrité et la relation avec les lecteurs

Vous considérez-vous comme une célébrité ?

Je crois qu'il y a plus de gens qui me connaissent en France que nulle part ailleurs dans le monde, beaucoup plus qu'en Angleterre. Il y a eu plus de publicité dans les médias que dans n'importe quel autre pays. La célébrité, c'est étrange et relatif. Ce n'est pas la même chose que pour un acteur. Combien de personnes pourraient croiser Stephen King dans un supermarché et le reconnaître ? Ou John Grisham et Dan Brown ? On ne voit pas les écrivains faire face aux caméras ou être dans les journaux, c'est différent. Nous sommes responsables de ce que nous écrivons, pas de ce à quoi nous ressemblons.

C'est la grande différence entre vous et David Beckham.

Ou la seule même ! Ce serait vraiment étrange d'être dans une situation où, où que vous alliez, les gens vous arrêtent pour vous parler ou pour vous demander un autographe. J'ai vécu quelque chose comme cela en France, un jour où je marchais avec Antoine de Caunes. Il nous a fallu quarante-cinq minutes pour parcourir cinq cent mètres car tout le monde l'arrêtait pour lui parler, avoir un autographe ou une photo avec lui. Il était cool et sympa et prenait du temps avec chacun.
On m'a interpellé un jour où j'allais au théâtre et deux ou trois fois dans ma vie des gens m'ont reconnu et m'ont parlé. Je leur ai répondu, ce sont simplement des gens comme moi, vous savez ! On est poli et sympa, on leur donne l'autographe qu'ils souhaitent et s'ils veulent une photo, c'est pareil.

Vous dites que quand on rencontre une célébrité, on en sait forcément plus sur elle qu'elle sur nous…

J'ai rencontré des tas de gens connus, que nous connaissons tous de nom et de visage, et j'ai noté quelque chose d'intéressant : les très grands, ceux que tout le monde aime, les gens les aiment généralement car ils sont bons et sympas avec eux. Certaines des plus grandes célébrités que j'ai rencontrées me donnaient le sentiment que c'était moi la personne la plus importante de la conversation. Helen Mirren est comme ça. Antoine de Caunes, également, un type charmant. Il m'a dit : « Allons chez moi prendre un verre avant le concert. Oh, voici un bouquin que tu devrais lire ! ». Nous avons partagé des livres, il m'en a envoyé un et j'ai fait de même. Quand nous avons enregistré notre album, je lui en ai envoyé un exemplaire. C'était une chose ordinaire, pas quelque chose pour me donner de l'importance.

J'ai remarqué que très peu de gens ont cette sensation d'être importants. Ils ne jouent pas un rôle, ce n'est pas quelque chose de calculé. C'est une évidence pour moi que dans le monde la plupart des gens -une grande majorité- est bonne, correcte, honnête, veut être heureuse et que les autres le soient aussi. Ce ne sont pas des connards. Seul un faible pourcentage l'est. Et on n'a pas besoin de personnes comme ça dans sa vie. On n'en a rien à faire, il n'est pas nécessaire de leur faire du mal ou de les punir pour le fait d'être des connards. Laissez-les passer leur chemin, qu'ils soient des connards ailleurs !

Quand vous êtes dans la situation où vous êtes une personnalité en France, comment réagissez-vous ? Et comment réagissent les gens ?

Les gens sont surpris que je pense que ce qu'ils ont à dire est aussi important que ce que j'ai à dire. Mon état d'esprit quand je me rends dans un salon du livre est celui-là : je rencontre les lecteurs, je dirai toujours oui, quelle que soit la taille du salon ou de la librairie, j'irai toujours si je le peux. La seule raison pour que je n'y aille pas est que je me sois déjà engagé ailleurs. Mon intention est de faire sentir à chaque personne que je suis venu pour elle, pour la voir et pour signer son livre. A mes yeux, c'est une question de reconnaissance. Un jour où j'étais dans une librairie en France, il y avait une personne avec qui je communiquais via Facebook. Son prénom était Laurence. Je lui ai dédicacé son livre et j'ai réalisé deux jours plus tard, à mon retour en Angleterre, que j'avais écrit « Laurent » à la place. Je me suis dit que ce n'était pas bien. Je lui ai envoyé un message pour lui dire que j'avais mal orthographié son prénom, que j'étais désolé et je lui ai demandé son adresse postale. Je lui ai envoyé un autre exemplaire de *Les assassins* avec une nouvelle dédicace. Il y a eu des fois où les gens m'ont envoyé un message par le biais de mon site web avec une adresse mail incorrecte, ma réponse me revenant avec un message d'adresse incorrecte. J'ai passé trois heures à les chercher sur Facebook ou Twitter en leur expliquant que je n'avais pas la bonne adresse. Il n'y a rien de pire que de laisser croire que je me fiche de leurs messages. Les gens m'écrivent du Canada, d'Australie, d'Italie, de partout. Une Italienne m'a envoyé un message pour me dire qu'elle avait entendu dire que j'avais publié une version italienne de *Candlemoth* en 2004 et qu'elle avait beau chercher partout, elle ne la trouvait pas. Comme j'en avais une version chez moi, je lui ai demandé ses coordonnées et je l'ai envoyée. C'est très important que les gens sachent que je vais leur répondre, c'est en moi. Plein de gens me demandent, particulièrement en France : « C'est bien vous ? » Je réponds en demandant : « Oui, mais c'est vraiment vous ? ». Alors ils rigolent et répondent : « OK, j'ai compris ! ». Est-ce vraiment vous ? Avez-vous vraiment lu mon livre ou faites-vous semblant de l'avoir lu ?

Je ferai toujours comme ça. J'ai eu une expérience intéressante. J'ai lu un jour *La Constance du jardinier* de John le Carré. J'ai trouvé le nom et l'adresse de son agent littéraire à Londres. Je lui ai écrit une lettre lui disant à quel point j'avais aimé son livre et à quel point il est courageux d'écrire sur ce sujet. J'ai envoyé cette lettre à son agent disant que je comprenais qu'il était un homme occupé et que je suis certain qu'il reçoit des milliers de lettres. Je veux juste lui exprimer à quel point son livre est important pour moi. Puis je n'y ai plus pensé. Deux semaines plus tard, une lettre arrive. Ecrite à la main, au stylo-plume. Deux pages écrites de la main de John le Carré. A moi ! Il s'excusait de n'avoir lu aucun de mes livres. Il a été sur mon site Internet pour lire ma biographie. Il a trouvé que nos enfances étaient similaires, il a été en pensionnat et s'en est enfui. Il m'a remercié pour mes appréciations et il avait eu des ennuis suite à la parution du livre, mais il en a eu encore plus quand il a écrit *La petite fille au tambour*, qui parle du conflit israélo-palestinien. Il m'a souhaité le meilleur. J'ai toujours la lettre dans mon bureau. Ça, c'était vraiment très spécial à mes yeux.

Donc, si quelqu'un m'envoie un e-mail, je lui en envoie un. S'il m'écrit une lettre à la main, je lui réponds de la même manière. J'ai du papier et un stylo-plume. S'il m'envoie des livres ou des cartes postales par le biais de mon éditeur, je répondrai toujours personnellement et m'assurerai que la personne sache que je les ai bien reçus. C'est l'attitude que j'ai, que je pense devoir avoir.

Ça doit prendre du temps, de répondre à tout le monde !

Oui, mais je n'ai pas de vrai boulot, donc ça va ! Les gens n'achètent pas simplement un livre avec l'argent qu'ils gagnent au quotidien, ils passent vingt, trente ou quarante heures à le lire, suivant chacun ! Ils m'ont consacré tout ce temps, pourquoi je ne leur en consacrerais pas ? Alors, bien sûr, j'ai passé aussi des heures et des heures à l'écrire, mais c'est quelque chose d'impersonnel. Pour eux, je voulais le faire. Si quelqu'un prend le temps et la peine de me trouver et de communiquer avec moi, la moindre des choses que je puisse faire est de prendre le temps de lui répondre, c'est la moindre des politesses. C'est une question de politesse, de bonnes manières.

Le groupe Mickey 3D a écrit une chanson qui s'appelle « Je m'appelle Joseph » d'après *Seul le silence*. C'est une super chanson, j'ai le CD. Quelqu'un m'en a parlé, j'ai écouté et aimé l'album.

J'ai écrit à l'agent pour dire à quel point je l'appréciais en le remerciant. Je n'ai jamais eu de réponse. Ils ne m'ont jamais demandé s'ils pouvaient écrire cette chanson d'après le livre. Ce n'est pas un problème et j'aurais voulu leur dire que je l'ai écoutée et appréciée. Je m'attendais à avoir de leurs nouvelles mais je n'en ai jamais eu. J'espère qu'un jour j'aurais l'occasion de les rencontrer et de leur dire. Mais peut-être n'ont-ils jamais eu ma lettre, qui sait ?

De toute façon, ça n'a pas trop d'importance, j'ai l'album, je l'ai acheté. J'aime la chanson et elle est sur ma playlist. De temps en temps, elle passe dans ma voiture et je me dis : « Ah oui, ils n'ont jamais répondu ! ».

Auriez-vous été le même si vous aviez rencontré le succès plus tôt ?

Oui, car je pense que je suis comme ça. J'ai été élevé dans un environnement où on avait de bonnes manières, de la courtoisie, de la politesse, du respect pour ses ainés. On tenait la porte aux dames et si elles se levaient pendant le dîner pour aller aux toilettes, on se levait aussi, de même quand elles revenaient. Et les chaussures étaient cirées, les cheveux étaient coiffés, on ne portait pas une chemise sale et on savait faire un nœud papillon. C'est l'éducation que j'ai eue. C'est sans doute parce que j'ai été élevé par mes grands-parents et qu'il y a deux générations d'écart. Ma grand-mère avait trente-neuf ans à la fin de la guerre. Elle était très victorienne et edwardienne et elle voulait conserver les choses telles qu'elles étaient quand elle était petite. J'ai vécu dans cet environnement, dans les écoles publiques, les pensionnats, les orphelinats qui avaient tous un système éducatif à l'ancienne. On allait au lit à dix-neuf heures, on cirait ses chaussures et on les mettait sous le lit. S'il pleuvait, on sortait jouer au rugby. S'il neigeait, on sortait jouer au rugby. Je ne crois pas du tout que c'était quelque chose de mal.

Tout est dans l'éducation, alors ?

Oui et je pourrais être un hippie, ça ne poserait aucun problème. Et apprécier le choix de vie de n'importe qui. J'ai fini par m'organiser et m'autodiscipliner. Une des choses que ma grand-mère m'a inculquées, c'est la valeur du travail, une éthique du travail. Votre qualité de vie dépend entièrement de la qualité de votre travail, du fait de travailler dur et de faire du mieux possible, quoi que vous fassiez. Si je me remémore toutes les choses que ma grand-mère m'a données, je réalise maintenant à quel point elles ont été importantes. A l'époque, je pensais que ça ne valait rien.

En 2009, vous étiez en déplacement pendant sept mois à la rencontre de vos lecteurs. Ça compte dans votre écriture ?

Je n'en ai aucune idée parce que, pendant des années, j'ai écrit un tas de livres et je n'allais nulle part !

Ça pourrait être le cas, car votre vie est différente et donc vos livres peuvent l'être aussi...

Peut-être... J'aime voyager. J'aime aller dans différents pays, expérimenter de nouvelles choses, goûter de nouveaux plats, entendre d'autres langues, rencontrer des gens intéressants, me confronter à de nouvelles cultures... Dans les tournées et les voyages, à force d'être sur la route, on a le sentiment d'avoir fait ça toute sa vie. Et quand on rentre chez soi, on a l'impression de ne pas être parti du tout. Je pourrais partir pendant dix jours ou deux semaines en France et après une semaine j'ai la sensation d'y être depuis dix ans. Et quand je rentre, j'ai l'impression qu'hier j'étais déjà chez moi. Le temps est une chose étrange, comme élastique. Ce que j'ai envie de faire maintenant, c'est de faire une tournée avec mon groupe, faire quelque chose de différent. Ce n'est pas parce que je ne veux plus rencontrer de lecteurs, mais j'ai envie de rencontrer des gens qui sont aussi passionnés par la musique. Et même que des lecteurs viennent écouter de la musique et que des musiciens lisent mes livres ! Mon frère me dit que je suis « something of a nothing man », ce qui signifie que je suis capable de créer quelque chose à partir de rien. Je fabrique des choses, j'écris des chansons, des livres, je peins. A partir de rien. Un jour, je ne ferai plus que ça. J'ai encore beaucoup de temps devant moi, mais tant de choses à faire ! Je suis incapable de ne rien faire, c'est impossible. Dans tout ce que je fais, j'ai besoin de sentir qu'il y a un objectif ou un but. J'aime me détendre, ne rien faire ou regarder un film, mais pas pendant longtemps. Après deux ou trois heures, j'ai envie qu'il se passe quelque chose. Faire, créer, progresser, aller de l'avant. C'est dans ma nature. Si je reste chez moi trop longtemps, je deviens fou ! J'ai besoin de bouger, de voyager, qu'importe ! Nous étions trois fois en France en avril, puis encore une fois en mai et j'ai plein de choses à faire en octobre. Je suis impatient d'y être ! Il y a aussi les concerts. Notre manager essaie de nous en organiser en France et en Hollande. Rien que d'y penser, ça m'emballe ! Allons-nous prendre l'avion ? Ou le train ? Qui va s'occuper du matériel ? Que devons-nous louer ? Pourrons-nous jouer à Mulhouse[19] ? Toutes ces choses m'intéressent. Aller quelque part et m'engager avec des gens, être impliqué dans tout ce qui va se passer.

Quand vous voyagez en tant qu'écrivain, vous êtes seul. Bien entendu, il y a Vicky mais avec un groupe, est-ce quelque chose de différent ?

---

[19] Depuis cet entretien, Roger Jon Ellory a joué à Mulhouse dans le cadre du Festival Sans Nom.

Ce qu'il y a de particulier, c'est que c'est mon groupe, je l'ai créé et j'ai en quelque sorte le rôle de père. Même s'ils ont le même âge que moi, voire s'ils sont plus âgés, je me sens responsable d'eux. Je m'assure qu'ils seront dans un endroit sympa ou qu'ils ont leurs billets de train, ce genre de choses. Ça ne me pose aucun problème. Ce sont des gens très, très, très importants dans ma vie, des amis chers et nous avons bâti quelque chose ensemble, quelque chose qui, à mes yeux, est spécial et différent. Et je sais qu'ils sont aussi enthousiastes que moi car ils sont tous musiciens professionnels mais aucun d'entre eux n'a jamais été membre d'un groupe en tournée, où ils jouent la musique qu'ils ont écrite. Ils ont toujours été embauchés ou employés pour jouer de la musique composée par d'autres. Donc là, même si c'est moi qui ai écrit les paroles, ils ont contribué à créer le son du groupe. Martin, l'autre guitariste, écrit les chansons avec moi. Nous les enregistrons et les donnons aux deux autres membres du groupe afin qu'ils ajoutent la batterie et la basse. Nous vendons les CD et ils se font un peu d'argent. Bien que je produise les albums et que ça soit mon label, nous leur donnons un pourcentage des ventes car ils sont impliqués dans le processus de création. Cela les motive et c'est quelque chose qu'ils attendent de pouvoir continuer. Et, de bien des manières, ils sont surpris de constater que les gens sont enthousiastes.

C'est aussi relativement surprenant pour moi d'être pris au sérieux.

C'est quelque chose qui m'enthousiasme beaucoup, de pouvoir travailler de manière créative avec d'autres personnes, tandis qu'avec les livres, je suis seul. Et on réussit ou on échoue seul. Quand on est avec un groupe de gens, ça fonctionne comme une petite section, il faut tout gérer ensemble. Et maintenant Vicky travaille avec nous ! Elle a pris de plus en plus de fonctions, administratives, logistiques et d'organisation, parce que nous faisons tant de choses !

C'est super de bosser avec elle ! Elle est ma meilleure amie, ma femme, mon associée et ça fait maintenant trente que nous fonctionnons ainsi ; on peut continuer pendant vingt ans encore et plus.

J'ai envie d'écrire beaucoup d'autres livres, d'enregistrer d'autres d'albums et de partir en tournée pour les deux. J'aimerais publier de beaux livres, faire des expo photo, écrire des films, des musiques de film, il y a plein de choses que je voudrais réaliser. Je pense que c'est du gâchis d'arriver à la fin de la journée et de ne pas avoir fait quelque chose qui va contribuer à cela.

Dans une interview de David Bowie disait exactement la même chose…

Je ne l'ai pas entendue, mais je suis tout à fait d'accord. Quand je vais me coucher, je veux avoir la satisfaction de pouvoir me dire : « Aujourd'hui, j'ai fait ceci, ceci et cela. ». Et je suis enthousiaste à l'idée de me lever car je sais ce que j'ai à faire le lendemain. C'est toujours ainsi, j'ai hâte d'être demain. Il y a un proverbe qui dit : « L'homme qui sait ce qu'il va faire demain est un homme qui vivra éternellement. ».

On ne meurt pas tant qu'on a des projets ?

Tout à fait ! On voit des gens qui font le même boulot toute leur vie et, quand ils prennent leur retraite, les statistiques montrent que leur mort est proche du début de leur retraite. La meilleure chose est de toujours rester actif. On passe trente années à attendre la liberté, mais la liberté est sa propre prison. Avoir trop de temps est sa propre prison, ainsi que la procrastination. Vous voulez qu'une chose soit faite, donnez-la à quelqu'un qui n'a pas le temps. Si vous la donnez à quelqu'un qui n'a pas de travail, il passera sa matinée au lit et se dira : « Je le ferai demain. ». C'est quelque chose que dit Hubbard : « Le meilleur moyen d'avoir des problèmes, c'est d'essayer de tout faire pour les éviter. ».

Vous vous amuserez beaucoup plus et serez beaucoup plus heureux si vous essayez quelque chose et que ça vous apporte des ennuis. Ça veut dire quoi ? « Oui, je vais le faire ! ». Et, là, votre vie sera intéressante et pleine d'aventures. N'avez-vous pas cette sensation que plus on vieillit et plus ça passe vite ? Je veux pouvoir regarder en arrière à la fin de la journée et me dire que j'en ai fait beaucoup aujourd'hui.

Et généralement plus on en fait, plus on en a à faire...

Oliver Wendell Holmes[20] disait : « Un cerveau étiré par une idée ne reprend jamais ses anciennes proportions. ». Je pense que c'est vrai et je pense également que chaque être humain a en lui un certain niveau d'activité, de mouvement, de désordre. C'est une bonne chose de se lancer des défis en permanence, en faire un peu plus, parce ça vous donnera la volonté de prendre des initiatives et la capacité de faire des choses plus importantes. C'est comme si nos capacités étaient élastiques.

Le fait est qu'en faisant des choses, on rencontre des gens, qui vous en font rencontrer d'autres, avec qui on parle d'autres projets, et du coup il y en a de plus en plus...

J'étais à Draguignan et j'ai bu un verre avec Fabrice Colin. Il m'a demandé ce que je faisais et je lui ai répondu que j'avais écrit une trilogie de petites histoires sur la ville de Chicago. Il m'a annoncé qu'il devait réaliser un roman graphique pour *Delcourt*. Plus tard, à sa demande, je l'ai recontacté. Et d'un coup, nous avions fait une bande dessinée ! *Delcourt* a trouvé ça génial et en veut une autre. Et maintenant on se demande si on ne va pas en faire une série télé.

---

[20] Ecrivain, médecin, essayiste et poète américain du XIXe siècle.

Autre exemple. Nous avons écrit un album. Martin Smith compose pour le cinéma et la télévision. Il passe un coup de fil à son producteur pour lui souhaiter ses vœux pour 2016. Le producteur lui dit : « J'ai reçu ton album des Whiskey Poets, j'ai adoré ! ». Pour rire, Martin lui dit que, dans ce cas, il lui propose un contrat. « Viens et parlons-en ! », a répondu le producteur. C'est comme cela que nous avons signé notre album.

A croire que si on ne demande pas, il ne se passe rien. Quatre-vingt-dix pour cent de la vie, c'est de se montrer. Si on ne se montre pas, on ne va pas voir de concert, on ne sort pas dîner. Il faut se mettre en avant ! Très vite dans ma vie j'ai compris que ce boulot était celui qu'il me fallait. La morale, la manière dont on se sent, tout a un rapport avec ce qu'on fait, comment on s'implique. Généralement, les gens fainéants ne sont pas très heureux. Si on reste en caleçon dans son canapé à regarder la télé en mangeant des pâtes, on ne doit pas beaucoup s'épanouir. Ça ne me conviendrait pas. Les gens me demandent : « Quand allez-vous vous reposer un peu ou prendre des vacances ? ». Mais des vacances pour quoi faire, je ne suis pas stressé ! J'adore ce que je fais ! J'ai de la chance d'être dans une situation où je gagne suffisamment d'argent grâce à l'écriture pour ne pas être obligé de remplir des formulaires d'assurance dans un bureau et de porter une cravate toute la journée. Je l'ai fait par le passé, je n'en veux plus ! Il y a des gens qui aiment faire cela, il n'y a aucune honte à ça, c'est un métier noble. Mais je préfèrerais creuser des trous ou planter des arbres que de le faire. Mon approche est simple : ce que je fais aujourd'hui contribue-t-il à la survie, au bonheur et au succès pour nous-mêmes et pour ceux à qui l'on tient ?

Il y a une liste de choses différentes que nous appelons notre « plan de bataille » : un projet dans une nouvelle maison, ce que nous devons faire dans celle-ci, tout le travail sur les réseaux sociaux pour le groupe, l'entreprise de vins, mes livres, le projet en France avec Fabrice pour faire une nouvelle BD.

Tous les matins, je me demande : « De tout ce que je dois faire, par quoi je commence aujourd'hui ? ».

Deux fois par semaine, nous nous réunissons avec ma femme :
« Qu'avons-nous fait ? Tout ça ? Super ! ». Et nous continuons.
C'est fun, c'est bien.

Vicky, la compagne de tous les instants

On dit toujours que derrière chaque grand homme, il y a une femme…

Quelle surprise !

Quel est la part de Vicky dans votre réussite ?

Tout ! Elle est ma meilleure amie, ma confidente. Plusieurs fois, nous nous sommes retrouvés dans la situation où nous formions une espèce d'oasis pour les gens qui ont des problèmes dans leur vie. Ils débarquent sur le pas de notre porte pour fuir leurs emmerdes. Nous avons de la place, ils peuvent rester. Ça arrive assez souvent. Je vois cela d'une manière assez simple : une relation est un compromis. Une relation fonctionne parce que deux personnes ont un but identique dans leur vie. Ils peuvent avoir différents centres d'intérêt, être impliqués dans des activités différentes… Mais leur objectif dans la vie, c'est d'avoir des enfants, de vivre dans un quartier particulier, d'avoir une qualité de vie, d'avoir des projets communs. Ma première femme avait un tas d'objectifs, mais ça n'a pas fonctionné. Avec Vicky nous avons les mêmes buts et les mêmes centres d'intérêt. Nous sommes des personnes très différentes mais nous nous complétons. Quand je suis négatif, elle est positive et vice-versa. Nous nous tenons dos à dos dans une espèce de trois cent soixante degrés et gérons ensemble notre vie. Contrairement à certains autres, quand un problème ou une difficulté surgit, nous ne nous accusons pas réciproquement. Nous communiquons afin de trouver une solution mais nous ne faisons pas sentir à l'autre qu'il est coupable d'avoir déclenché ceci ou de ne pas avoir réglé cela. Si elle oublie quelque chose que je lui ai demandé de faire, quel intérêt de la mettre mal à l'aise juste parce qu'elle a oublié ? Je n'ai jamais rien oublié moi ? Ça m'arrive tout le temps ! Et si quelque chose la dérange et pas moi, cela veut-il dire pour autant que ce n'est pas important ? Non ! Si c'est important pour elle, ça l'est pour moi aussi ! Je ferai tout alors pour que ça ne soit plus un problème pour son bien-être et pour sa tranquillité. On ne se dispute pas. Nous avons des points de vue et des opinions différents, mais on ne se bagarre pas pour autant. On ne va jamais se coucher avec un désaccord non réglé. On en parle jusqu'à que ce soit résolu.

Nous essayons aussi de toujours faire en sorte que ce que nous faisons ne fasse pas de mal aux personnes que nous connaissons. Là, il ne s'agit pas de compromis. Je parle de reconnaître que chacun est différent et que certaines choses rendent les autres heureux et que d'autres pas. Et si on fait de son mieux pour faire des choses qui les rendent heureux et pour éviter celles qui les rendent malheureux, alors on agit dans la même direction.

Elle aime que j'écrive et que je compose. J'adore le fait qu'elle soit incroyablement bien organisée, très compétente et possède un super sens de l'humour. Elle est aux petits soins et est une super maman. Il y a d'infinies choses que j'aime chez elle, j'ai vraiment de la chance qu'elle soit là. On m'a demandé un jour quel est le secret de cette relation qui fonctionne si bien et depuis si longtemps. J'ai répondu en plaisantant que chacun pense qu'il est avec quelqu'un d'un peu mieux que ce qu'il mérite. Nous faisons tous les jours en sorte que l'autre n'ait pas envie de s'en aller. Après trente ans, ce qu'elle pense est toujours important à mes yeux. Et comment elle voit certaines choses, qu'on soit d'accord ou pas. Je ne changerai pas ce que je suis pour la rendre heureuse, mais certaines de mes actions sont accomplies dans le but de lui faire plaisir. Je fais des efforts quotidiennement pour rester son meilleur ami.

C'est quelque chose que vous avez vraiment à l'esprit tous les jours ?

Oui ! Par exemple, quand on va faire des courses ensemble, je vais choisir des vêtements qu'elle n'aurait jamais pris pour elle. Et elle les essaie, les aime, les achète et les porte tout le temps. Ou elle me dit : « Je pense que tu devrais plutôt faire de cette manière. ». Et je ne pense pas : « Ce n'est pas à toi de me dire ce que je dois faire ! ». Je ne suis pas comme ça et elle non plus. Ce n'est pas une compétition, c'est une osmose. Faire du mieux qu'on peut et vivre au mieux, être les meilleurs parents possibles, avoir une belle maison, une belle qualité de vie, prendre soin des autres. J'essaie de savoir ce qui est important pour elle et vais dans son sens, et elle fait la même chose même si nous pouvons avoir des vues très différentes. C'est aussi simple que ça !

Elle lit vos livres ?

Tous.

Elle vous donne des conseils ?

Non. Nous avons appris au cours toutes ces années que le boulot d'un éditeur et celui d'une femme sont très différents. Mais elle a lu tout ce que j'ai écrit, même ce qui n'a pas été publié et elle ne fait pas de commentaires. Elle me dit : « J'aime beaucoup ça. », ou : « C'est mon préféré. », mais jamais : « Je pense que tu devrais… ». Enfin, elle l'a fait deux ou trois fois, mais ça ne fonctionne pas. Parce que ce n'est pas notre manière de fonctionner. J'ai des relations professionnelles avec mes éditeurs et c'est avec eux que je travaille pour rendre mes livres les meilleurs possibles. Ce qui arrive souvent, c'est que je vais lui raconter toute l'histoire. Elle écoute mais ne lira le livre que peut-être un an ou deux plus tard.
Elle vient de finir *Carnival of shadows*[21], que j'ai publié en 2014, et elle n'a pas encore lu *Mockingbirds songs*[22]. Elle est incroyablement occupée. Elle ne lit pas beaucoup de fiction, elle lit un tas de trucs

---

[21] Non publié en France à ce jour.
[22] Idem

pour le travail et pour le groupe, des documents, des trucs juridiques, etc.

Est-ce que ça l'aide à vous comprendre, de lire vos livres ?

Il faudrait lui demander. Je crois que ça fait longtemps qu'elle a accepté le fait que je suis dingue et tout ce que je fais lui confirme simplement cette impression. Je ne pense pas qu'elle ignore beaucoup de choses que j'écris. Nous avons travaillé et vécu ensemble la moitié de notre vie. Nous nous sommes rencontrés en 1988, ça fera vingt-huit ans en octobre. Nous sommes toujours les meilleurs amis, nous ne nous battons jamais.

Je ne pense pas qu'un de nous partira pour un autre. Je ne crois pas non plus que je serai dans une situation où je voudrais une autre femme, je ne crois pas qu'elle veuille un autre mari. C'est bon, nous nous sommes trouvés.

Etre ensemble aussi longtemps n'est pas une chose facile, OK. Mais vivre seul n'est pas facile, changer de partenaire tous les six mois n'est pas facile, rompre fait souffrir, c'est difficile. Penser que jamais on ne trouvera quelqu'un qui nous comprenne et qui nous veuille pour ce qu'on est paraît difficile. Ce serait plus honnête de dire que tout simplement l'être humain est compliqué. Si on est avec quelqu'un qui comprend également que le monde est bordélique, que les gens sont tarés, que nous faisons tous de notre mieux, que d'une façon ou d'une autre, nous pouvons nous entraider pour essayer de comprendre le bordel dans lequel nous nous trouvons et essayer de l'améliorer, c'est toujours mieux que d'être seul. Donc aucune des options n'est facile. Pour qu'un mariage dure, il faut que la base de la relation soit une grande amitié. Ça ne peut pas durer si les deux personnes ne sont pas amies. Je me souviens de l'hôtel *Hilton* à Istanbul, en 2009. Je regardais le coucher de soleil sur la ville, qui est époustouflant. J'étais au téléphone avec ma femme à essayer de lui décrire et elle m'a dit : « Ça a l'air magnifique. ». Je lui ai dit : « Tu sais quoi ? Les plus beaux endroits dans le monde sont juste des endroits, à moins qu'on ait quelqu'un avec qui les partager. ». Alors, qui est la première personne à qui on veut parler quand quelque chose de chouette se passe ? Ou de grave ? A qui on téléphone quand on a une bonne nouvelle, à qui on veut en parler d'abord ? C'est la personne qu'on devrait épouser, avec qui on devrait être ami, ce qui est probablement déjà le cas. Mais les gens changent, ainsi que leurs aspirations. J'ai connu des gens qui ont été heureux dans leur mariage durant quinze ans, puis quelque chose se passe et ils décident de se séparer alors que pendant quinze ans tout allait bien. On ne peut pas prédire qui on va aimer et pendant combien de temps. Tout ce que je sais, c'est que j'ai de la chance d'être marié avec ma meilleure amie et que, vingt ans plus tard, ça dure toujours. Le jour où je suis sorti des bureaux d'*Universal* avec un contrat d'enregistrement, quand en 2009 nous avons eu beaucoup d'argent venant de France et que nous n'étions plus endettés, qui était la seule personne capable de comprendre ça ? Celle qui a passé ces vingt ans endettée avec moi. C'est celle avec qui j'ai élevé un enfant, qui était présente au plus haut comme au plus bas, dans tous les bons et les mauvais moments. A chaque fois qu'il m'est arrivé quelque chose ces vingt-huit dernières années, elle était là.

Qu'en est-il de votre fils ?

Avoir un enfant a été pour moi l'occasion de redécouvrir la vie à travers celle de quelqu'un d'autre. Je crois que les enfants sont une extension de nous-mêmes. Ils ont leurs amis, leur personnalité, différents comportements et différents points de vue. On fait de son mieux pour leur inculquer des valeurs, quelles qu'elles soient. Il faut savoir reconnaître qu'ils vont être différents et qu'ils ne seront jamais vous, ne voudront pas ce que vous voulez et ne prendront pas les mêmes décisions. Mon fils ne croit pas que nous sommes des gens normaux. Il m'a dit un jour : « Vous deux, vous êtes comme Benjamin Button, plus vous vieillissez et plus vous vous comportez comme des jeunes. La plupart des gens de cinquante ans veulent ralentir et en faire un peu moins. Vous, c'est le contraire. ». Il m'a dit quelque de chose de vraiment sympa dernièrement. Il était au sud de l'Angleterre. Il venait de changer d'opérateur téléphonique et il ne pouvait pas communiquer. La seule chose qu'il pouvait faire avec son téléphone c'était d'écouter de la musique qu'il avait enregistré, dont mon album. Il m'a appelé quelques jours plus tard pour me dire qu'il l'avait écouté quatre ou cinq fois au cours des derniers jours et que, s'il n'était pas de moi, il l'aurait acheté. Il n'a jamais lu un de mes livres et je n'attends pas de lui qu'il le fasse.

Je pense que de temps en temps il doit nous regarder en pensant : « Quels cinglés ! », parce que nous ne nous comportons pas comme des gens qui ont la cinquantaine. Nous faisons à peu près le contraire de ce à quoi il s'attend et il a dix-neuf ans.

Il devait aller récemment à un concert avec des amis, même s'il était peu motivé car il n'aimait pas le style du groupe. Mais il s'était mis d'accord avec eux il y a longtemps. C'est un peu comme nous, bien que je ne pense pas qu'on lui ait appris ça. Mais il est né dans un environnement où on fait les choses. C'est une saine et bonne attitude, il n'est pas flemmard. Il veut comprendre, découvrir, rencontrer des gens, avoir des problèmes -et il en a- et s'en sortir. Il est heureux d'entreprendre. Les problèmes, ça arrive !

L'oncle de Hubbard était philosophe et disait : « Si vous ne voulez jamais être critiqué, ne dites rien, ne faites rien, ne soyez personne. ». Je suis entièrement d'accord.

L'écrivain et le musicien

Parlons des Whiskey Poets. Comment ce projet est-il né ?

A l'âge de seize ou dix-sept ans, je me suis dit que ce serait une bonne idée d'étudier la guitare. J'avais fait de la trompette jusqu'à seize ans. La musique m'a toujours intéressé, j'en écoute tout le temps. J'ai donc appris la guitare, quelques accords, des chansons très simples et nous avons formé un groupe avec mon frère, mon cousin et un ami. Nous avons fait quelques concerts. C'était simple, bruyant, un peu particulier, puis plus rien. Mais en 2009, à l'âge de douze ans, mon fils m'a demandé s'il pouvait prendre des cours de guitare. Je lui ai dit que j'en avais toujours une, que je pouvais lui montrer quelques trucs et que, s'il était toujours intéressé, on lui trouverait un prof et une guitare. Et après quelques semaines, alors que son intérêt s'évanouissait, je redécouvrais une très vieille idée, un réel intérêt. J'ai donc recommencé à apprendre et j'ai vraiment adoré. C'était comme un moyen différent d'expression et j'ai appris à jouer des chansons que j'aime. J'ai commencé à composer et à écrire des paroles et avec deux amis (un batteur et un bassiste) nous avons décidé de créer un groupe. Nous avons enregistré un album dans le Sussex. L'ingénieur et le producteur était Martin Smith, qui avait joué de la basse avec Electric Light Orchestra et qui possède son propre studio d'enregistrement. Du coup, nous sommes devenus bons amis. Il a travaillé dur pour la promotion de l'album et a organisé quelques concerts. Mais j'avais des idées différentes des autres musiciens et finalement, j'ai décidé de dissoudre le groupe. Je suis resté en contact avec Martin et, de temps à autre, nous parlions de musique et de livres. Il a lu les miens et de fil en aiguille il m'a demandé un jour : « Tu as écrit un tas de chansons, tu penses toujours à ton projet solo et à sortir ces chansons ? ». J'ai répondu que oui et il est venu me voir à Birmingham pour en parler. Il avait des idées super intéressantes sur la façon de les modifier en mettant le refrain ici ou en répétant cette phrase-là, etc. C'est de cette manière que nous avons commencé à travailler ensemble et je lui ai proposé de mener ce projet de concert.

Pourquoi avoir choisi le nom de Whiskey Poets ?

En 2009, j'ai passé une semaine à New York avec mon agent, qui est de San Francisco mais qui vit à New York depuis des années. Il me faisait visiter la ville et m'a emmené à Manhattan dans un bar appelé *White Horse Tavern* qui est connu car fréquenté par des écrivains célèbres. Une des personnes qui fréquentait les lieux était Dylan Thomas, l'écrivain et poète gallois, qui buvait du whiskey à fortes doses. Il vivait au Chelsea Hotel dans le quartier de Chelsea parce qu'Arthur Miller y vivait aussi. Nous avons marché sur les traces de Dylan Thomas, entre le bar, la nuit où il y but dix-sept verres de whiskey et son hôtel, où il mourut quelques jours plus tard. Un poète qui buvait du whiskey, je me suis dit que ça ferait un super nom pour un groupe ! C'est un hommage aux écrivains.

Nous avons donc commencé à travailler ces chansons. Nous avions besoin d'un bassiste et d'un batteur. Martin en connaissait pas mal et nous avons choisi ensemble. Puis d'autres personnes ont commencé à s'intéresser à nous, comme Hossam Ramzy, un percussionniste égyptien disque de platine, et qui a travaillé avec des groupes comme Led Zeppelin, Robert Plant ou Peter Gabriel. Il a été très enthousiasmé par notre travail et il va travailler avec nous sur le deuxième album. Il est donc membre honoraire. Le type qui joue du piano est le gendre du fondateur des Yardbirds. Nous avons également deux jeunes femmes pour les chœurs.

Et donc, un de mes lecteurs m'a contacté un jour car il avait entendu dire que j'avais fait un disque et qu'il aimerait bien l'écouter. Je lui ai envoyé un CD et voilà ce qu'il m'a répondu : « Vous ne le saviez pas, mais je suis manager de différents groupes et j'aimerais bien vous donner quelques conseils et vous aider. ». Il nous a présentés à quelques personnes et… vous connaissez Culture Club ? Phil Pickett, leur pianiste et compositeur connaissait Martin. Il gère maintenant sa propre entreprise. Il a écouté notre album et nous a dit : « J'aimerais bien être votre manager. ». Super, tu peux être notre manager ! Et il nous a présenté Neil O'Brien, un type très influent en France, qui y organise des tournées pour les groupes. C'est ce qu'il est en train de faire pour nous. L'album est sorti, disponible sur les plates-formes de téléchargement et ainsi de suite. Tout cela est arrivé naturellement. L'idée n'était pas de faire un album et de le vendre afin de devenir une pop-star. Mais plutôt d'en faire un objet artistique, puis une tournée et des concerts et si les gens apprécient, tant mieux ! Il se trouve que des gens importants et sympas, qui ont de l'expérience dans cette industrie, veulent nous aider.

En ce qui concerne les chansons, elles sont du genre country blues. Elles racontent des histoires et il y a des messages en elles. Les gens les aiment, ce n'est pas plus compliqué que ça. Rien n'était calculé. J'ai fait ça pour m'amuser et que ça puisse intéresser les gens. C'est à peu près la même chose que pour mes livres.

De la même manière que pour vos livres, vous écrivez les chansons que vous aimeriez entendre ?

J'essaie d'écrire les livres que j'aimerais lire et j'essaie d'écrire les chansons que j'aimerais écouter. Si j'écrivais un livre dont j'étais parfaitement satisfait, j'arrêterais probablement d'écrire. Si j'écrivais un album qui me plaisait totalement, j'arrêterais probablement d'écrire des chansons. Cela n'est arrivé ni pour l'un ni pour l'autre, donc je continue, aussi longtemps que je peux. J'ai une idée, une conception, une pensée de ce que j'aimerais que ce soit, et je fais de mon mieux pour tendre vers le standard idéal. Mais je n'y arriverai pas car je suis mon critique le plus féroce. Nous le sommes tous. J'ai toujours envie de faire plus et mieux.

Un groupe célèbre de la fin des années soixante-dix a fait la même chose. Le chanteur a dit : « La musique à l'époque était merdique, donc j'ai créé un groupe pour faire la musique que je souhaite entendre. Et nous avons baptisé ce groupe The Cure. ».

Je ne pense pas que toute la musique soit merdique ! Il y a de la très bonne musique qui est créée de nos jours, il y a de grands artistes. Avec YouTube, Deezer et Spotify, l'accès à la musique est plus grand que jamais. C'est plus facile de faire de la musique et de la rendre accessible gratuitement. Qu'est-ce ça nous coûte de faire un album ? Pas grand-chose ! Qu'est-ce que ça nous a coûté de rendre cet album disponible pour le public ? Trente dollars pour le télécharger et le rendre accessible. On le met sur un site web et le public peut le télécharger. Quelqu'un m'a envoyé un mail pour me dire qu'il a acheté l'album sur Amazon. Ça m'éclate de voir que les gens sont intéressés par ce que nous avons fabriqué. Je ne crois pas que nous remplissions Bercy un jour. Mais nous avons joué dans des clubs devant cent ou deux cents personnes et c'est chouette. J'ai envie de faire ça en France, aux Pays-Bas et en Italie. Vous savez que dans certains salons du livre il y a aussi de la musique. Nous pourrions jouer à Mulhouse, j'aimerais beaucoup ça. Nous pourrions également faire des concerts acoustiques avec deux ou trois personnes.
C'est juste pour le plaisir. C'est une dynamique différente, une énergie différente et une forme de créativité différente. J'adore ça !

Ça doit être une sensation différente de signer des livres, un par un, et d'être applaudi en concert par des centaines de personnes.

C'est totalement différent. Ecrire est une activité solitaire, la musique est collaborative. En concert, il faut travailler avec d'autres personnes dans une situation immédiate, dans un environnement immédiat et tout ne se fait pas en douceur. De temps en temps ça ne fonctionne pas, on oublie des choses, on fait parfois des erreurs, c'est quelque chose de vivant qu'on ne peut pas corriger. C'est l'instant présent. C'est une impression et une énergie très différentes et très enthousiasmantes. J'aime beaucoup ça.

Quelle énergie préférez-vous ? Celle de l'écrivain ou celle du musicien ?

Je n'en préfère pas une à l'autre, elles sont simplement différentes. C'est comme de dire qu'on aime le vin rouge et le vin blanc. Parfois j'ai envie de blanc et parfois j'ai envie de rouge ! J'aime beaucoup le gouda et beaucoup le foie gras. J'ai besoin d'air et j'ai besoin d'eau, les deux me sont indispensables. Je ressens cela comme quelque chose que je dois faire. L'écrivain philosophe Christopher Hamilton a dit : « La plupart des écrivains écrit parce qu'elle ne peut pas faire autrement. ». J'écris parce que je ne peux pas m'en empêcher. J'écris des chansons, je chante et je joue car je ne peux pas m'en empêcher. Je le dois, je le veux.

Quelle est la définition d'un artiste ? Quelqu'un qui touche à différents domaines ?

Je ne sais pas... Si on me donne des bâtons et de la boue, je créerai probablement quelque chose. C'est quelque chose que je n'analyse pas. Je me dis simplement : « Je vais faire cela. », et je le fais. Je n'essaie pas de déconstruire mes envies. Je ressens juste que j'ai une raison pour le faire. Quelqu'un m'a raconté cette histoire au sujet de Laurence Olivier, je ne sais pas si elle est vraie. Il a donné une interview en 1970 alors qu'il était au sommet de sa carrière, connu dans le monde entier et considéré comme le meilleur acteur de sa génération. Il était aimé, adoré voire vénéré par les gens. L'interviewer lui a demandé ce qui le motivait. Il lui a répondu : « Regardez-moi, regardez-moi, regardez-moi, regardez-moi. Je veux être le centre de l'attention. Je veux faire du bruit, que les gens écoutent ce que je dis. Je veux que les gens pensent que je suis important, qu'ils croient qu'il existe une raison pour que je sois sur cette planète ! ». Un autre écrivain m'a parlé d'un article où un psychologue disait : « Les gens qui créent quelque chose d'artistique pour une consommation publique le font pour cinquante pour cent par ego et cinquante pour cent par insécurité. ». On est suffisamment arrogant pour penser que notre travail va être aimé et terrifié par l'idée que les gens vont le détester et que ce qu'on fait est de la merde. Un créatif doit être assez courageux pour se dire : « Vous savez quoi ? Je vais prendre une guitare et chanter dans une salle. » ou : « Je vais terminer mon livre et l'envoyer à un éditeur. », ou encore : « Je vais écrire un scénario, trouver l'argent et faire un film. ». Il faut être poussé par quelque chose. C'est peut-être l'ego, peut-être l'insécurité, peut-être un peu des deux.

C'est peut-être que vous voulez devenir important, compter pour quelque chose, parce que personne ne vous a jamais écouté quand vous étiez enfant et vous vous dites que, parce que vous êtes maintenant adulte, on va faire attention à vous. Je ne sais pas à quoi ça tient et je ne veux pas l'analyser. Je ne veux pas essayer et en découvrir la raison.

Mon frère et moi sommes très différents. Il est très intelligent, brillant, lucide, il lit tout le temps… Il est parfaitement heureux, après dîner, de s'asseoir dans son canapé, une pipe à la bouche, tout en regardant le cricket. Plutôt mourir ! Je ne l'ai pas revu depuis trois ans, mais nous nous parlons deux ou trois fois par semaine. A chaque fois qu'il me téléphone, je lui réponds qu'il faut que je fasse vite car je n'ai pas beaucoup de temps. Il me demande ce qu'il se passe, ce que je fais. Et il me répond à chaque fois : « Pas de problème, fais ce que tu dois faire et rappelle-moi demain. ». Parfois, quand je me rends dans le Sussex pour enregistrer, je l'appelle depuis ma voiture et nous passons une demi-heure au téléphone. Mais ça n'arrive pas très souvent et il insiste en me disant de venir le voir, que, depuis deux ans, il garde chez lui les cadeaux d'anniversaire pour Vicky et moi, qu'il ne peut pas envoyer. Je me souviens de la dernière fois que j'ai passé une semaine chez lui. Il vit dans une ville magnifique sur la côte sud. Il a des chiens et il fait de longues marches. Les arbres sont majestueux, la mer magnifique et la cuisine et le vin sont délicieux. Sa femme est un véritable cordon-bleu. Elle est très sympa et Vicky et elles s'entendent parfaitement. Tout est parfait.

Mais, au bout de deux jours, j'ai dit : « Il faut que je rentre ! ». Nous sommes partis, je ne pouvais pas rester plus longtemps. Je ne peux pas vivre au ralenti comme ça aussi longtemps. Ça va bien **quarante-huit heures et** c'est bon ! Mes batteries sont rechargées, je me remets au boulot. Je suis simplement comme cela et je le resterai. Je pense que je mourrai au boulot ! Je ne pense pas mourir dans mon lit, je m'effondrerai après une crise cardiaque ou quelque chose dans le genre. Peut-être à **quatre-vingt-quatre** ans, en faisant du vélo, ou sur un plateau de tournage, un scénario à la main. On dit que jouer, c'est du travail, mais sans but. On me demande parfois comment je peux travailler autant. Quand je demande ce qu'ils font, les gens me répondent qu'ils travaillent dans un bureau de **huit heures à dix-sept heures**. « Et vous faites quoi quand vous rentrez chez vous ? ». Les gens vont faire un footing, préparent le repas, répondent à leurs mails, vont voir leurs parents ou bricolent… En quoi est-ce différent de ce que je fais ? Les gens font tout le temps quelque chose, **leur vie est remplie** ! Les gens qui ne font rien sont rares. Ce n'est pas parce que ce n'est pas appelé officiellement « travail » que ça signifie qu'on ne fait rien ! Pour moi, c'est la même chose, il est très rare que je ne fasse rien. Nous avons tous le même nombre d'heures à notre disposition, ni plus ni moins. Un grand écrivain et philosophe anglais, Jonathan Bennett a écrit ceci à propos du temps : « Personne n'a plus de temps qu'un autre. Si vous le **gaspillez**, personne ne vous critiquera. On ne peut pas le retenir ni le stocker. Si on gaspille aujourd'hui, on aura toujours quarante-huit heures demain. Si on gaspille toute une semaine, on aura encore cent soixante-huit heures celle d'après et ainsi de suite. Mais c'est notre denrée la plus précieuse et on en gâche encore beaucoup, car on pense avoir tellement de temps. Mais on le sait bien, plus on vieillit et plus ça file vite. ».

Je me souviens avoir eu quinze ans, pas loin d'ici, dans la rue à quelques centaines de mètres. Maintenant, j'en ai cinquante, et je me revois rentrer à la maison, revenant du lycée ou d'ailleurs, prendre le bus, aller dans le parc. Je me souviens du petit magasin du coin à côté de l'église. Je me souviens d'être passé à côté de cette église le jour où ma grand-mère est morte, le 16 avril 1982. Le souvenir est vivace.

Je me souviens aussi parfaitement dans quel état d'esprit j'étais quand je me suis réveillé au milieu de la nuit, puis être porté par le médecin de famille. Et au réveil, dans la chambre de ma grand-mère quand elle m'a dit : « Ta mère est morte. ». Je m'en souviens comme si c'était hier et c'était il y a quarante-trois ans.

J'ai le sentiment qu'il y a tant de choses que j'ai envie de faire, tant de choses qui m'intéressent et m'enthousiasment et que personne ne fera en sorte qu'elles se produisent. Je dois faire en sorte qu'elles arrivent car, si je ne fais rien, elles n'arriveront pas. J'ai réalisé récemment que ce n'est pas la peine de passer du temps avec des gens qui me ralentissent, que je n'apprécie pas et qui ne sont pas intéressés par l'idée de faire quelque chose d'important et qui en vaille la peine. Je suis trop âgé pour travailler avec des gens qui ne sont pas des amis. Je vais donc faire les choses que j'aime, du mieux possible, quelles qu'elles soient, avec des gens que j'aime et qui m'aiment. En procédant ainsi, les choses vont arriver. Le meilleur exemple est avec le groupe. Avec le précédent, je ne m'entendais pas spécialement bien avec les musiciens. J'en ai changé et depuis j'adore ce boulot avec eux et tout roule de façon tranquille en comparaison avec l'expérience précédente.

Pensez-vous être maître de votre destin ?

Oui, je le pense. Nous parlions de *Mauvaise étoile*. Le thème central du livre est de dire que, peut-être, on a un destin, qu'un chemin est tout tracé depuis notre naissance. Je ne sais pas, mais je pense que ce qui différencie un être humain d'un animal, c'est le choix qu'a l'humain de changer d'avis et de décider : « Je ne suis pas d'accord avec quelque chose. Je ne suis pas obligé d'être ce que mes parents veulent que je sois. Un médecin, une infirmière, un politicien ou un footballeur. Je peux devenir qui j'ai envie et trouver ma propre voie, que cela me prenne cinq ou dix ans, pas de problème. ». Confucius a dit : « Choisissez un travail que vous aimez et vous n'aurez pas à travailler un seul jour de votre vie. ». Quand on aime ce qu'on fait et qu'on en vit correctement, c'est une route toute tracée vers le bonheur. Je suis dans une situation où je peux vivre ainsi et ce n'est pas arrivé par chance, ni du jour au lendemain. Après quinze années de très très dur labeur, de persévérance, de détermination, de gros efforts, de temps, d'énergie et d'argent, j'ai connu le succès du jour au lendemain. Je sais la chance que j'ai, mais je sais que ce n'est pas acquis à jamais. Mais j'ai compris que je suis celui qui dicte mon succès. Ce n'est ni de l'astrologie ni de la chance. Seulement du travail qui me procure toujours du plaisir. C'est parfois frustrant et difficile mais, quatre-vingt-dix-neuf pour cent du temps, j'adore ça.

Quelles sont vos influences en littérature et en musique ?

J'ai commencé avec Enid Blyton quand j'étais enfant, puis Agatha Christie, Conan Doyle, Charles Dickens. Ensuite, j'ai découvert les écrivains américains comme Harper Lee, John Steinbeck, Ernest Hemingway, puis les contemporains, tels Stephen King, Dean Koontz et Frederick Forsyth. J'ai lu beaucoup de livres sur la guerre. Je lis de tout, tout et n'importe quoi, quel que soit le sujet.

En ce qui concerne la musique, je me suis intéressé très jeune au jazz, au blues et à la country. J'aimais les comédies musicales hollywoodiennes. J'adorais Elvis Presley, ses premiers albums étaient formidables.

Par la suite, avec mon cousin, qui adorait la musique, j'ai découvert le delta blues : Muddy Waters, Big Bill Broozny, Lightnin' Hopkins, John Lee Hooker… Puis, j'ai découvert la west coast, avec Jefferson Airplanes, Quicksilver Messenger Service, Hendrix, Janis Joplin et Les Allman Brothers. Puis le southern rock : Lynyrd Skynyrd. J'aime également le punk, notamment The Gun Club et aussi Susan Vega, Joni Mitchell et finalement Chostakovitch et Tchaïkovski.

J'adore la musique classique russe car elle est vraiment dramatique et géniale ! Il existe très peu de type de musique où je ne peux trouver quelque chose que j'aime. Et j'en achète beaucoup. J'aime les vinyles, les cassettes et les CD. J'aime ce lien physique. Je n'ai téléchargé que deux albums de toute ma vie car ils étaient très rares et que le CD coûtait à peu près cent soixante-quinze euros. Je me suis dit que je ne pouvais justifier cela alors que le téléchargement ne valait que dix euros.

J'écoute de la musique en permanence, dans la voiture, à la maison quand je cuisine… J'écris dans le silence mais quand j'ai terminé ma journée d'écriture, j'écoute de la musique ou j'en joue.

Hans Christian Andersen l'écrivain scandinave pour enfants et adultes, qui a écrit *Le vilain petit canard*, a dit : « Là où les mots échouent, la musique parle. ».

C'est quoi exactement la musique ? La musique, c'est quand quelqu'un prend une émotion, la traduit en son, donne ce son à quelqu'un d'autre qui l'écoute et le transforme en sa propre émotion.

Sur scène, auriez-vous envie de ressembler à un *guitar hero* comme Jimmy Page ?

Pas vraiment, non. Je ne pourrais pas jouer comme Jimmy Page, même si j'aimerais ! Martin Smith a joué sur scène avec des musiciens incroyables. C'est un super musicien, très talentueux. Il joue de la basse, de la mandoline, un peu de piano… Je lui apporte mes chansons, il les travaille et en change quelques parties. Il est comme un éditeur pour mes chansons. Je lui ai dit que j'aimerais jouer comme certains des musiciens qu'il a connus. Il m'a répondu : « Tu sais quoi ? Personne ne sait jouer comme toi ! Personne ne peut être aussi bien Ellory que toi-même. ». Une vie de comparaison est une vie de souffrance. Si tu te compares tout le temps aux autres, comme en écoutant Tommy Emmanuel jouer « Over the Rainbow » à la guitare acoustique, tu peux jeter toutes tes guitares dans le jardin et les immoler par le feu ! Je ne jouerai jamais comme ça. Mais je sais jouer, écrire une chanson et certains trouvent ça génial. Je disais que chaque livre écrit peut être le préféré de quelqu'un, qu'à un moment de sa vie une personne peut penser que c'est le meilleur livre qu'elle ait jamais lu, celui qui est connecté avec elle à un moment précis. Pour la musique c'est la même chose. Qu'est-ce que l'art ? Ron Hubbard a écrit une série de choses très intéressantes à ce sujet. En tant qu'écrivain, il a produit cinq cent soixante fictions : nouvelles, romans, pièces de théâtre, romans radiophoniques. C'est de là que vient tout l'argent pour financer ses recherches. Il a tout payé de sa poche, de ses droits d'auteur. Il était aussi pilote et commandant de navire. C'était un type très intéressant qui a vécu dix vies différentes. Il a écrit une série de choses sur l'art, l'écriture, la musique, toutes ces choses-là. Il a donné une définition de l'art avec laquelle je suis d'accord : « L'art est une interprétation technique suffisante pour produire une communication. ». Donc, quelque chose de technique peut produire un message. Ce qui est important, c'est le message ; la compétence technique est secondaire. Si on se concentre uniquement sur cela, on rate l'objectif de la communication. Par exemple, certains regardent les œuvres d'art de Picasso et se disent : « Qu'est-ce que c'est que ce truc ? Je n'y comprends rien ! ». Ils ne sont pas touchés, ça ne signifie rien pour eux. Mais quand leur gosse rentre avec un morceau de papier mâché avec leurs empreintes partout, des morceaux de macaronis collés dessus et écrit : « Pour papa », ils ont les larmes aux yeux. La chose la plus importante dans l'art, c'est la communication. Regardez les Beatles : ils sont toujours parmi les plus importants et les plus marquants contributeurs de la façon dont nous écoutons la musique populaire de nos jours. Les Beatles, mais aussi Elvis et, dans la Country Music, des gens comme Willie Nelson et Johnny Cash. Ce sont en fait les seuls qui **aient** créé un style. Quand on écoute Electric Light Orchestra, un super groupe, on entend les Beatles. Pareil pour Coldplay. Prenez les premières chansons des Beatles, ce sont les choses les plus simples qu'on puisse imaginer. Les chansons qui ont été les plus enregistrées par beaucoup d'artistes sont les plus simples. Mais elles véhiculent un message sans **avoir** de grandes qualités techniques. Les gens peuvent se les approprier et délivrer une émotion. Quelqu'un **pourrait** avoir un talent extraordinaire de pianiste, guitariste ou autre, mais ne rien signifier pour soi-même. Et puis quelqu'un avec une pauvre guitare à trois cordes va s'asseoir et jouer quelque chose qui va émouvoir. Ce n'est pas la technique qui est la plus importante mais l'émotion. C'est ça, l'art. Et c'est la même chose pour un livre et pour tout ce qui touche à la créativité.

Si la technique est la chose la plus importante, alors on n'est plus un artiste mais un technicien. Pour moi, la chose la plus importante dans un livre n'est pas combien de mots j'emploie, ni d'essayer d'impressionner avec mon vocabulaire, mais d'essayer de faire pleurer, rire, d'énerver, de faire changer de point de vue sur quelque chose ou de démolir des idées préconçues. Qu'est-ce qui est important dans la musique que j'écris ? Que quelqu'un l'écoute et que ça le transporte ou le rende mélancolique, qu'elle crée une atmosphère sombre ou raconte une histoire dont il veuille connaître la fin. Ou qu'elle lui rappelle la petite amie de son adolescence. C'est ce qui est important à mes yeux. Ce n'est pas que je sois un meilleur compositeur ou guitariste. Je ne serai jamais un musicien extraordinaire, ce n'est pas ce qui m'intéresse. C'est que je sois suffisamment **compétent** pour créer une vibration nécessaire pour porter le message.

Il y a tellement d'influences différentes. Au point de vue des paroles, ce que j'ai écouté de plus intelligent et de plus mélodieux quand j'étais enfant, c'était Simon and Garfunkel. J'adorais l'écriture de Paul Simon. Mais j'écoute aussi les Sex Pistols, The Gun Club, Iggy Pop, les Rolling Stones ou Rachmaninov, que j'adore. Je peux écouter « Un Américain à Paris » et « Rhapsody in Blue » de Gershwin, que je trouve extraordinaire. Je peux écouter « What a Wonderful World » de Louis Armstrong et « Angelina Zooma Zooma » de Louis Prima. La musique est une question d'humeur. Parfois, dans la voiture, quand je suis sur l'autoroute, je zappe **trente** chansons sur mon **iPod** et soudainement **je trouve quelque chose qui me plaît**. Et je vais trouver un album que je vais écouter entièrement. De super albums : *Astral Weeks* de Van Morrison, *Solid Air* de John Martyn, *Bridge over Troubled Water* de Simon and Garfunkel, *Exile on Main Street* des Rolling Stones, *Revolver* des Beatles, *The Las Vegas story* et *Miami* et *Fire of Love* de Gun Club. J'écoute « The Passenger » d'Iggy Pop et je me dis que c'est le riff le plus simple qui n'a jamais été écrit. Georges Harrison, un grand guitariste ! Tommy Emmanuel, magnifique ! Kelly Joe Phelps, je l'ai vu deux ou trois fois. Il y a une dédicace pour lui dans *Papillon de nuit* et je lui ai donné une copie du livre quand je l'ai vu en concert. **Il en a été épaté !** Un écrivain est inspiré par un musicien et il lui donne son bouquin, c'est un échange entre deux personnes créatives. Il y a tant de personnes que j'aime, des centaines et des centaines. Et ça n'en **finit** jamais.

Y a-t-il un projet de tournée ?

Pas encore, mais nous avons un manager qui s'occupe de cela avec notre imprésario.

Vous pouvez donc gérer la littérature et la musique ?

Mais oui, absolument !

Et, donc, écrire pendant la tournée ?

Je passe trois mois par an à écrire, trois mois à faire la promotion du livre, trois mois à écrire et à enregistrer un album et trois mois en tournée avec le groupe. Je veux dire que cent soixante-huit heures par semaines et cinquante-deux semaines par an, ça fait un sacré paquet d'heures pour faire un tas de choses. Je peux prendre le temps de passer deux jours avec vous les gars ! J'ai le temps d'aller deux ou trois jours dans le Sussex pour enregistrer quelques chansons. C'est compliqué d'aller à Mulhouse ? On monte dans un avion, on vole, on arrive et on y passe deux jours. Demi-tour et on rentre à la maison. Pas de temps perdu à regarder du cricket tout le week-end à la télé. Je préfère aller à Mulhouse pour passer du temps avec les gens à parler livres, parfaitement ! Le temps n'est pas un problème.

Que pensent vos lecteurs de votre musique ? Ils aiment ça ?

Ils disent qu'ils y retrouvent mes mots et mes émotions. Mes chansons sont similaires à mes livres. Elles sont influencées par la musique américaine, country, blues and jazz. L'Amérique est un pays d'émigrants venus du monde entier. Les Irlandais y ont amené le violon, les Espagnols la guitare, le piano est venu d'un autre pays et tout cela forme le melting pot jazz, rock, country et blues. La country est la musique blues des Blancs. Quel est le message ? Ma copine m'a quitté, ma voiture est foutue, mon chien s'est enfui, je n'ai pas d'argent, je bois trop, je n'ai pas de boulot... C'est toujours la même histoire. Il y a une blague qui dit que si on joue les disques à l'envers, alors femme, chien et boulot reviennent ! La musique est mondiale, ses influences viennent de partout. Quand on étudie l'histoire du blues et de la country, les origines en sont essentiellement espagnoles, américaines, françaises, italiennes, amérindiennes, jamaïcaines et ouest-indiennes. Il y a plein de façons de jouer ce type de musique, mais on aime donner des étiquettes. Est-ce qu'un Anglais est capable d'écrire de la country ? Non. Peut-il écrire un livre qui se déroule aux Etats-Unis ? Non, aucun des deux. Peut-être que mon boulot dans cette vie est de défier les conventions, de ne pas être d'accord.

Vous disiez que les gens ne veulent plus payer pour lire, il en va de même pour la musique. Les gens téléchargent sans payer...

En effet. Mais ce n'est pas ce qui m'arrêtera d'en produire. On dit que pour gagner de l'argent en tant que musiciens, de nos jours, il faut partir en tournée et vendre des billets, des CD et des t-shirts sur les lieux du concert. Je n'ai jamais joué pour de l'argent. Ni écrit. Je n'ai jamais rien fait de ma vie pour de l'argent. C'est la plus petite des motivations. Je l'ai fait pour mon objectif, qui est d'écrire des livres et de la musique. Il se trouve que j'ai persévéré dans l'écriture jusqu'à ce que je puisse gagner assez pour en vivre et ainsi pouvoir jouer et enregistrer tant que j'en ai envie. Une chose intéressante : le premier album avait été envoyé à quelques journalistes et critiques. Deux mois plus tard, j'ai reçu de l'argent sur mon compte, quelques centaines de livres. Je me suis demandé d'où il provenait. Eh bien, ça venait de la *Performing Right Society*[23], car une de nos chansons était passée sur une radio écossaise, une autre sur l'île de Man, et un peu ailleurs. Oui, cinq morceaux ont été diffusés sur différentes radios sans qu'on le sache, et nous avons été payés ! J'ai pensé que cela signifiait quelque chose, que c'était les premières sommes que je

---

[23] La SACEM britannique.

touchais en tant que musicien. Je suis donc devenu officiellement un parolier. C'était très excitant, comme d'obtenir son premier contrat d'édition ou de voir son premier livre édité. Nous avons été payés pour une chose que nous avons créée et on ne s'y attendait même pas ! Et cet argent a été utilisé pour payer des musiciens à participer au prochain album. Pour le prochain, nous allons dépenser pas mal. L'argent va être investi dans un label afin de rendre les tournées plus confortables, d'acheter plus de matériel, de payer les transports, l'hôtel et tout ce dont nous aurons besoin pour jouer. Car c'est ce qu'il y a de plus excitant : jouer. Si je peux jouer en concert les quinze prochaines années et que je gagne de quoi couvrir mes frais, OK, ça me va. Ce sera une raison suffisante pour le faire, le plaisir.

C'est une question de plaisir et de passion ?

Oui et pas seulement parce que j'aime ça, aussi parce c'est une façon de s'engager avec d'autres êtres humains. C'est un moyen de se souvenir de sa propre humanité et de celle des autres. Quand on commence à composer pour le cinéma ou la télévision, pas des chansons mais de la musique de manière générale, on se rend compte qu'on entend de la musique absolument partout : dans les centres commerciaux, dans les ascenseurs, à la télé, la musique est partout, tout le temps. Quelqu'un doit bien la composer ! C'est un langage universel que tout le monde comprend. Sans comprendre la langue on comprend l'émotion. Beaucoup d'opéras sont en italien. Je ne comprends pas l'italien mais je suis touché par l'opéra. Quand j'écoute de l'opéra allemand j'ai l'impression que je vais envahir d'autres pays ! Wagner, ça fiche un peu la trouille.

Les nouveaux modes de distribution permettent aux artistes de gagner plus qu'en passant par un label. Par

exemple, donner ce qu'on veut pour télécharger un album. Qu'en pensez-vous ?

Si on achète ou télécharge un album sur mon site, je gagne cent pour cent de la somme. Si on l'achète sur Amazon ou iTunes, trente à trente-cinq pour cent. Avec les livres, je gagne dix pour cent de ce que vous payez. Si vous achetez *Les assassins* à vingt-deux euros, je gagne environ deux euros. Mais si je l'achète directement chez le distributeur, il me coûte six ou sept euros et, en le vendant à vingt-deux euros, je gagne douze ou treize euros. Mais je ne suis pas un homme d'affaires et je ne m'engagerai pas sur cette voie.

Epilogue

Y a-t-il autre chose que vous aimeriez dire, quelque chose que nous aurions oublié ?

Nous avons parlé de plein de choses. Je ne crois pas. Nous avons parlé de livres, de musique, de drogues, de femmes, de prison, de la famille et des amis, que peut-il y avoir de plus ?

Si vous pouviez faire une chose pour changer le monde, que serait-elle ?

Si j'avais une formule magique pour changer une chose ? Faire en sorte que tout le monde se souvienne que nous sommes tous des êtres humains. Et que ce n'est pas parce que nous avons différentes langues, couleurs, religions, sexualités, politiques, que ça fait de nous de meilleures ou de moins bonnes personnes. Nous essayons tous de survivre et la planète est notre responsabilité collective. C'est la seule que nous ayons et si on ne devient pas intelligent en faisant fi de nos différences et n'apprenons pas à travailler ensemble, nous sommes tous foutus !

Stephen Hawking a dit que l'humanité pourrait bien vivre ses derniers siècles et qu'effectivement, nous sommes tous foutus...

Sauf si quelque chose change. On dit que les seules choses qui unissent les Britanniques sont la guerre et le football. Vous avez déjà vu ce genre de films où un astéroïde va détruire la planète. Si nous avons un but commun, nous nous unirons. Pourquoi nous faudrait-il un ennemi pour cela ? Prenez la Déclaration universelle des droits de l'Homme. Elle a été rédigée par Eleanor Roosevelt[24] à la fin de la guerre. Je crois qu'elle a été ratifiée en 1948. Elle l'a été par cinquante Etats membres des Nations

---

[24] Présidente du Comité de rédaction.

Unies. Pourquoi ? Pour s'assurer que cette guerre ne se reproduise pas. Je ne crois pas qu'une seule des nations signataires ait jamais appliqué plus de deux pour cent de ce qui y est écrit. Et on voit régulièrement des vidéos où on demande à des gens ce qu'est la Déclaration des droits de l'Homme ou d'en citer un point, et on trouve toujours des gens qui ignorent de quoi il s'agit. Si chaque Etat qui a signé appliquait vraiment les principes de cette déclaration, la planète aurait une chance. Mais ils ne le font pas. Pourquoi ? Par intérêt. *Nous avons plus de terres que vous, nous voulons les vôtres, nous voulons ceci ou cela.* L'avidité. On dit que si on donne à quelqu'un de l'argent et du pouvoir ça amplifie et met en lumière ce qui existe déjà. Si on a quelqu'un de pas vraiment sain, un peu dingue, quelqu'un de pas très décent à qui on donne de l'argent et du pouvoir, on se retrouve avec quelqu'un qui peut faire des choses très dangereuses. La majorité des personnes qui devraient diriger les gouvernements dans le monde est trop futée pour être impliquée en politique. Andrew Mc Carthy a écrit : « La politique est un jeu pour les gens suffisamment intelligents pour la comprendre et suffisamment stupides pour penser que c'est important. ».

C'est comme pour la loi sur les armes aux Etats-Unis. Peuvent-ils la changer ? Je ne crois pas. Vous savez, il y a une histoire célèbre : un Anglais essaie de se rendre à Dublin. Il roule un peu au hasard mais il ne veut pas demander son chemin. Finalement, en désespoir de cause, il se gare au bord de la route et aperçoit un paysan penché sur sa clôture. Il lui demande comment aller à Dublin et le paysan lui répond : « Voyez-vous, si je devais aller à Dublin, je ne démarrerais pas de là. ». Ce qui manifestement n'a pas de sens. Mais l'idée est qu'il y a des choses qui sont tellement loin, tellement avancées, comme la loi américaine sur les armes. Comment changer la Constitution aux Etats-Unis ? L'Amendement dit qu'on a le droit de porter des armes. C'est quasiment impossible. Il y a plein de dingues qui disent : « Si tu essaies de me priver de mon arme, je l'utiliserai pour te tuer et je me fiche de mourir aussi, c'est un droit ! ».

Je crois donc que certaines choses sont probablement irréversibles, du moins pendant un bon bout de temps. Peut-être devons-nous faire le nécessaire pour préserver notre planète le plus longtemps possible, jusqu'à ce que les humains changent. Sommes-nous allés trop loin ? N'y a-t-il plus d'espoir ? Je n'en sais rien. J'ai envie d'être optimiste. Puis-je l'être ? Oui, je peux ! Est-ce que je crois en mon propre optimisme ? Est-ce que j'arrive à m'en convaincre ? Je ne sais pas… Nous verrons bien. La société a fait bien des erreurs avant et les a réparées. Il existe de bonnes possibilités pour que les choses ne soient pas aussi mauvaises que nous le pensons. Certains médias télévisés ou écrits veulent nous faire croire qu'il y a sur la planète bien plus de terribles problèmes et qu'il y a plus de violence et de terrorisme qu'en réalité. Tout ça pour vendre plus de journaux. J'essaie de rester optimiste et je fais de mon mieux pour continuer d'avancer et de prendre soin des gens qui comptent. Je pense que si nous faisions tous cela, alors…

Il y a de l'espoir…

Sans doute, oui…

Si vous pouviez choisir un ministère, quel serait-il ?

L'Education. J'interviendrais pour restaurer les valeurs éducatives et je supprimerais tous les examens, toute la bureaucratie. Il faut laisser les enseignants enseigner, c'est une des plus nobles professions dans notre société. Ils créent le futur, la prochaine génération, mais ils sont noyés par l'administration, la bureaucratie et la paperasse. Il faut revenir aux basiques des maths, de la littérature, de l'enseignement général jusqu'à douze ou quatorze ans. Alors, découvrir ce qui intéresse les élèves et développer les connaissances dans leur champ d'intérêt : chimie, physique, histoire, maths, ingénierie… Ils veulent bâtir des ponts ? Laissons-les se focaliser dessus. Laissons-les lire et étudier les bases. De quoi avez-vous besoin dans les maths ? De déterminer l'équilibre de votre compte bancaire afin de ne pas être à découvert. Quelle est la part des mathématiques que nous utilisons au quotidien ? Ceci coûte tant en euros. Combien ça fait en livres sterling ? Nous n'avons pas besoin de beaucoup de maths. Donc, il y a besoin d'un enseignement général pour comprendre le monde, l'Histoire, être capable de lire et d'apprécier les livres. Il faut se focaliser sur ce qui intéresse la personne. Puis, sans doute faire un apprentissage avec quelqu'un qui est déjà un expert de terrain et on a le droit de changer d'avis, de changer d'orientation. Arrêtons de nous inquiéter de savoir si on a une bonne note ou pas à un examen. Laissons les gens apprendre et trouver leur vocation, leur propre direction dans la vie. C'est la chose importante. Je serais responsable d'émeutes, je révolutionnerais tout le système éducatif !

Table des matières

Déjà parus à La Maison du Moulin Editions :

Georges Baudin
Brancardier sur le front
Carnets de guerre 1914-1919
http://www.passion-bouquins.com/baudin/

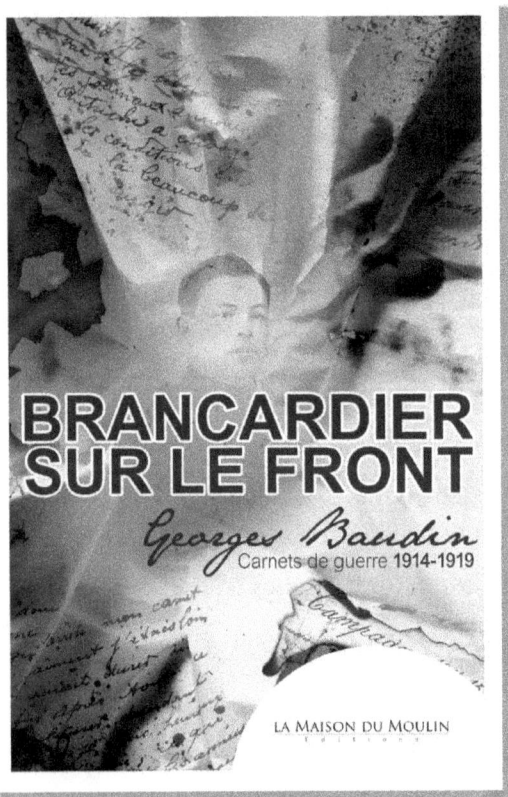

Ce récit authentique débute le 25 juillet 1914 et retrace la vie d'un brancardier de 23 ans qui, pendant quatre longues années, a sillonné les tranchées et noté dans six petits carnets le détail de sa vie sur le Front.

Emmanuel Taffarelli
Hypernova
http://www.passion-bouquins.com/hypernova/

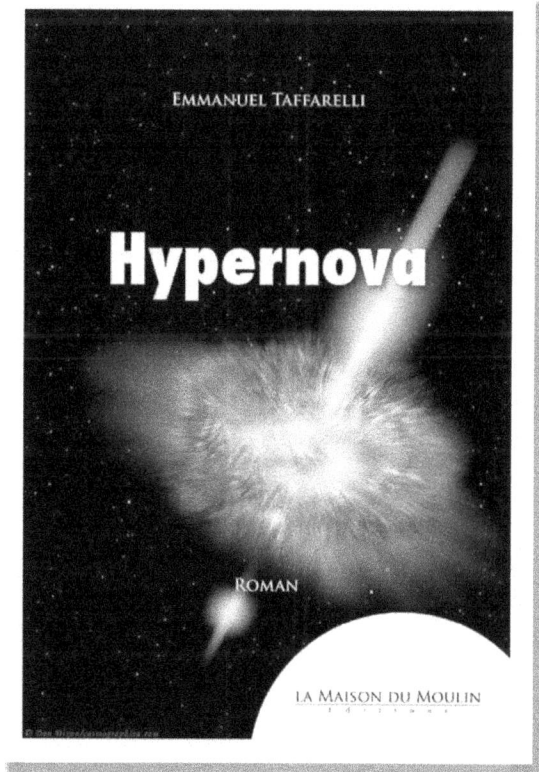

Une menace inédite, venue des confins de l'espace, pourrait planer sur toute la civilisation humaine… qui vivrait alors ses derniers siècles.

Extraits offerts : https://goo.gl/BTCu9P

Chaque jour, **lisez et partagez** des conseils
de lecture objectifs.

Le blog littéraire alternatif Passion Bouquins
est totalement rédigé et animé par des contributeurs
passionnés de lecture. Vous aussi, donnez votre avis.

http://www.passion-bouquins.com

Vous écrivez ?

Nous publions !

www.la-maison-du-moulin-editions.com

LA MAISON DU MOULIN

E d i t i o n s

Achevé d'imprimer en octobre 2017
Dépôt légal octobre 2017

ISBN : 978-2-36970-006-7
EAN 9782369700067

www.ingramcontent.com/pod-product-compliance
Lightning Source LLC
Chambersburg PA
CBHW071434090426
42737CB00011B/1659